全国普法学习读本

垃圾管理处理法律法规学习读本

垃圾处理专项法律法规

王金锋　主编

图书在版编目（CIP）数据

垃圾处理专项法律法规／王金锋主编. -- 汕头：汕头大学出版社，2023.4（重印）

（垃圾管理处理法律法规学习读本）

ISBN 978-7-5658-2943-7

Ⅰ.①垃… Ⅱ.①王… Ⅲ.①垃圾处理-环境保护法-中国-学习参考资料 Ⅳ.①D922.6834

中国版本图书馆 CIP 数据核字（2018）第 035721 号

垃圾处理专项法律法规 LAJI CHULI ZHUANXIANG FALÜ FAGUI

主　　编：	王金锋
责任编辑：	邹　峰
责任技编：	黄东生
封面设计：	大华文苑
出版发行：	汕头大学出版社
	广东省汕头市大学路 243 号汕头大学校园内　邮政编码：515063
电　　话：	0754-82904613
印　　刷：	三河市元兴印务有限公司
开　　本：	690mm×960mm 1/16
印　　张：	18
字　　数：	226 千字
版　　次：	2018 年 5 月第 1 版
印　　次：	2023 年 4 月第 2 次印刷
定　　价：	59.60 元（全 2 册）

ISBN 978-7-5658-2943-7

版权所有，翻版必究

如发现印装质量问题，请与承印厂联系退换

前　言

习近平总书记指出："推进全民守法，必须着力增强全民法治观念。要坚持把全民普法和守法作为依法治国的长期基础性工作，采取有力措施加强法制宣传教育。要坚持法治教育从娃娃抓起，把法治教育纳入国民教育体系和精神文明创建内容，由易到难、循序渐进不断增强青少年的规则意识。要健全公民和组织守法信用记录，完善守法诚信褒奖机制和违法失信行为惩戒机制，形成守法光荣、违法可耻的社会氛围，使遵法守法成为全体人民共同追求和自觉行动。"

中共中央、国务院曾经转发了中央宣传部、司法部关于在公民中开展法治宣传教育的规划，并发出通知，要求各地区各部门结合实际认真贯彻执行。通知指出，全民普法和守法是依法治国的长期基础性工作。深入开展法治宣传教育，是全面建成小康社会和新农村的重要保障。

普法规划指出：各地区各部门要根据实际需要，从不同群体的特点出发，因地制宜开展有特色的法治宣传教育坚持集中法治宣传教育与经常性法治宣传教育相结合，深化法律进机关、进乡村、进社区、进学校、进企业、进单位的"法律六进"主题活动，完善工作标准，建立长效机制。

特别是农业、农村和农民问题，始终是关系党和人民事业发展的全局性和根本性问题。党中央、国务院发布的《关于推进社会主义新农村建设的若干意见》中明确提出要"加强农村法制建设，深入开展农村普法教育，增强农民的法制观念，提高农民依法行使权利和履行义务的自觉性。"多年普法实践证明，普及法律知识，提高法制观念，增强全社会依法办事意识具有重要作用。特别是在广大农村进行普法教育，是提高全民法律素质的需要。

多年来，我国在农村实行的改革开放取得了极大成功，农村发生了翻天覆地的变化，广大农民生活水平大大得到了提高。但是，由于历史和社会等原因，现阶段我国一些地区农民文化素质还不高，不学法、不懂法、不守法现象虽然较原来有所改变，但仍有相当一部分群众的法制观念仍很淡化，不懂、不愿借助法律来保护自身权益，这就极易受到不法的侵害，或极易进行违法犯罪活动，严重阻碍了全面建成小康社会和新农村步伐。

为此，根据党和政府的指示精神以及普法规划，特别是根据广大农村农民的现状，在有关部门和专家的指导下，特别编辑了这套《全国普法学习读本》。主要包括了广大人民群众应知应懂、实际实用的法律法规。为了辅导学习，附录还收入了相应法律法规的条例准则、实施细则、解读解答、案例分析等；同时为了突出法律法规的实际实用特点，兼顾地方性和特殊性，附录还收入了部分某些地方性法律法规以及非法律法规的政策文件、管理制度、应用表格等内容，拓展了本书的知识范围，使法律法规更"接地气"，便于读者学习掌握和实际应用。

在众多法律法规中，我们通过甄别，淘汰了废止的，精选了最新的、权威的和全面的。但有部分法律法规有些条款不适应当下情况了，却没有颁布新的，我们又不能擅自改动，只得保留原有条款，但附录却有相应的补充修改意见或通知等。众多法律法规根据不同内容和受众特点，经过归类组合，优化配套。整套普法读本非常全面系统，具有很强的学习性、实用性和指导性，非常适合用于广大农村和城乡普法学习教育与实践指导。总之，是全国全民普法的良好读本。

目 录

垃圾处理专项政策

关于联合开展电子废物、废轮胎、废塑料、废旧衣服、
　废家电拆解等再生利用行业清理整顿的通知 …………（1）
禁止洋垃圾入境推进固体废物进口管理制度改革实施方案 …（9）
关于推进环保设施和城市污水垃圾处理设施向公众开放的
　指导意见 ……………………………………………（16）
住房城乡建设部办公厅等部门关于做好非正规垃圾堆放点
　排查工作的通知 ……………………………………（21）
关于政府参与的污水、垃圾处理项目全面实施
　PPP模式的通知 ……………………………………（26）
住房城乡建设部等部门关于全面推进农村垃圾治理的
　指导意见 ……………………………………………（30）
国家发展改革委关于完善垃圾焚烧发电价格政策的通知……（36）
防止船舶垃圾和沿岸固体废物污染长江水域管理规定………（38）
工业和信息化部等六部委关于开展水泥窑协同处置
　生活垃圾试点工作的通知 …………………………（45）
哈尔滨市城镇垃圾处理费征收办法 ……………………（49）
浙江省餐厨垃圾管理办法 ………………………………（52）
广州市医疗废物管理若干规定 …………………………（61）
眉山市医疗废物集中处置管理办法 ……………………（66）

垃圾强制分类制度

垃圾强制分类制度方案（征求意见稿）……………（76）
厦门经济特区生活垃圾分类管理办法……………（89）

城市生活垃圾处理特许经营协议示范文本

城市生活垃圾处理特许经营协议示范文本……………（105）

地震灾区建筑垃圾处理

地震灾区建筑垃圾处理技术导则（试行）……………（130）

垃圾处理专项政策

关于联合开展电子废物、废轮胎、废塑料、废旧衣服、废家电拆解等再生利用行业清理整顿的通知

环办土壤函〔2017〕1240号

各省、自治区、直辖市环境保护厅(局)、发展改革委、工业和信息化部门、公安厅(局)、商务主管部门、工商行政管理局,新疆生产建设兵团环境保护局、发展改革委、工业和信息化委员会、公安局、商务局:

为贯彻落实《土壤污染防治行动计划》《国务院办公厅关于印发禁止洋垃圾入境推进固体废物管理制度改革实施方案》(国办发〔2017〕70号),加强部门间协调配合,发挥整体监管合力,环境保护部、发展改革委、工业和信息化部、公安部、商务部、工商总局决定在全

国范围内开展电子废物、废轮胎、废塑料、废旧衣服、废家电拆解等再生利用行业清理整顿。现将《电子废物、废轮胎、废塑料、废旧衣服、废家电拆解等再生利用行业清理整顿工作方案》印发给你们，请结合本地实际，抓好贯彻落实。

附件：电子废物、废轮胎、废塑料、废旧衣服、废家电拆解等再生利用行业清理整顿工作方案

环境保护部办公厅
发展改革委办公厅
工业和信息化部办公厅
公安部办公厅
商务部办公厅
国家工商总局办公厅
2017年8月2日

电子废物、废轮胎、废塑料、废旧衣服、废家电拆解等再生利用行业清理整顿工作方案

为贯彻落实《土壤污染防治行动计划》《国务院办公厅关于印发禁止洋垃圾入境推进固体废物管理制度改革实施方案》（国办发〔2017〕70号），环境保护部联合发展改革委、工业和信息化部、公安部、商务部、工商总局开展电子废物、废轮胎、废塑料、废旧衣服、废家电拆解等再生利用行业清理整顿。

一、指导思想

全面贯彻落实党的十八大和十八届三中、四中、五中、六中全会精神，深入贯彻习近平总书记等中央领导同志重要批示指示精神，坚持问题导向，加大执法力度，按照"依法取缔一批、重点整治一批、规范引导一批"原则，集中力量解决电子废物、废轮胎、废塑料、废旧衣服、废家电拆解等再生利用行业突出环境问题，为建设美丽中国和全面建成小康社会提供有力支撑。

二、工作目标

督促地方清理整顿电子废物、废轮胎、废塑料、废旧衣服、废家电拆解等再生利用活动；取缔一批污染严重、群众反映强烈的非法加工利用小作坊、"散乱污"企业和集散地，增强人民群众获得感；引导有关企业采用先进适用加工工艺，集聚发展，集中建设和运营污染治理设施，防止污染土壤和地下水。

三、主要任务

根据《中华人民共和国环境保护法》《中华人民共和国固体废物污染环境防治法》等法律法规要求，依法查处环境违法行为，引导再生利用行业健康绿色发展，重点完成以下三个方面任务。

（一）依法取缔一批污染严重的非法再生利用企业。主要包括：

与居民区混杂、严重影响居民正常生活环境的无证无照小作坊；无环保审批手续、未办理工商登记的非法企业；不符合国家产业政策的企业；污染治理设施运行不正常且无法稳定达标排放的企业；加工利用"洋垃圾"的企业（洋垃圾是指：危险废物、医疗废物、电子废物、废旧衣服、生活垃圾、废轮胎等禁止进口的固体废物和走私进口的固体废物）；无危险废物经营许可证从事含有毒有害物质的电子废物、废塑料（如沾染危险化学品、农药等废塑料包装物，以及输液器、针头、血袋等一次性废弃医疗用塑料制品等）加工利用的企业。对上述企业的违法行为依法予以查处，并报请地方人民政府依法对违法企业予以关停。

（二）重点整治加工利用集散地。本次清理整顿集散地是指：在一个工业园区或行政村内聚集5家（含）以上，或在一个乡（镇、街道）内聚集10家（含）以上的电子废物、废轮胎、废塑料、废旧衣服、废家电拆解再生利用作坊和企业。重点检查集散地规划环评的审批和落实情况、环保基础设施建设和运行情况。对行政村内或城乡结合部与居民区混杂的集散地要依法坚决予以取缔。对环保基础设施落后、污染严重、群众反响强烈的集散地，报请地方人民政府依法予以取缔。对集散地内的非法加工利用企业要坚决予以取缔。配合地方人民政府切实做好集散地综合整治、产业转型发展、人员就业安置、维护社会稳定等各项工作。引导集散地绿色发展。

（三）规范引导一批再生利用企业健康发展。发挥"城市矿产"示范基地、再生资源示范工程、循环经济示范园区的引领作用和回收利用骨干企业的带动作用；完善再生资源回收利用基础设施，促进有关企业采用先进适用加工工艺，集聚发展，集中建设和运营污染治理设施；推动国内废物再生利用集散地园区化、规模化和清洁化发展；鼓励合法合规再生利用企业联合、重组，做大做强。

四、进度安排

（一）部署阶段（2017年8月）

各省（区、市）环境保护部门应结合本地实际，联合发展改革、工业和信息化、公安、商务、工商等部门制定清理整顿实施方案，进一步细化执法检查重点内容，分解落实任务，提出具体措施，确定联络员名单（见附1）。各省（区、市）清理整顿实施方案与联络员名单应于2017年8月30日前，分别报送环境保护部、发展改革委、工业和信息化部、公安部、商务部和工商总局。

（二）摸排阶段（2017年9月）

各省（区、市）按照清理整顿实施方案，先期开展本行政区域内专项清理整顿摸排工作，并于2017年9月30日前将本省（区、市）再生利用企业信息表（集散地外）和集散地信息表（见附2.3）分别报送环境保护部、发展改革委、工业和信息化部、公安部、商务部和工商总局。

（三）清理整顿阶段（2017年10月—11月）

各省（区、市）应按清理整顿实施方案，开展本行政区域内清理整顿行动，各单位要及时汇总报送工作信息，并于2017年11月30日前分别向环境保护部、发展改革委、工业和信息化部、公安部、商务部和工商总局报送清理整顿总结报告。

（四）抽查总结阶段（2017年12月）

根据各省（区、市）清理整顿开展情况，环境保护部联合发展改革委、工业和信息化部、公安部、商务部和工商总局对部分地区清理整顿工作进行督查，并根据各省（区、市）专项执法检查有关情况，完成总结报告上报国务院。

五、工作要求

（一）加强组织领导

各省级环境保护部门要联合发展改革、工业和信息化、公安、商务、工商等部门建立快捷、高效的信息共享联络员机制，负责清理整顿期间信息共享与交换工作，形成执法合力；指导和督促下级人民政府开展电子废物、废轮胎、废塑料、废旧衣服、废家电拆解等再生利用行业清理整顿；对各地清理整顿工作遇到的共性问题，要抓紧研究对策措施，重大事项应及时向省级人民政府请示报告。

（二）明确职责分工

地方各有关部门在地方人民政府的统一领导下，各司其职开展该项工作。发展改革部门牵头负责政策引导，推进生产者责任延伸制度；环境保护部门会同有关部门摸排行政区域内电子废物、废轮胎、废塑料、废旧衣服、废家电拆解等再生利用行业信息；工业和信息化部门负责制定相关行业准入（规范）条件，规范引导行业健康发展；公安部门会同环境保护等部门依法开展对相关违法犯罪行为的打击查处工作；工商部门依据职责权限配合环境保护部门依法查处非法加工利用小作坊和"散乱污"企业；环境保护部门会同发展改革、工业和信息化、公安、工商等部门依照职责权限开展集散地整治；商务部门牵头负责完善国内再生资源回收体系，推广新型回收模式，促进再生资源回收行业健康发展。

（三）加强执法检查，严厉打击违法行为

环境保护部门和工商部门联合开展执法行动，发挥各自职能，依法严肃查处排查过程中发现的违法排污、证照手续不全等行为，将违法企业信息在国家企业信用信息公示系统和"信用中国"网站公开，开展联合惩戒。对非法加工利用小作坊和"散乱污"企业，由地方人民政府依法坚决予以取缔。对依法应当予以行政拘留或者发现涉嫌犯罪线索的，应当及时移送公安部门依法处理。

（四）加强宣传报道，营造舆论环境

各单位对此次清理整顿要全面加强宣传报道，强化舆情跟踪。及时拍摄、收集反映专项行动的影像资料，及时报送新闻素材。通过媒体进行宣传报道，营造良好的外部执法环境和舆论氛围，展现良好风貌，彰显清理整顿再生利用行业的坚定决心和工作成效，积极争取社会各界的理解和支持。

（五）巩固长效机制

各地要及时总结清理整顿中行之有效的措施和经验，并转化为工作机制和制度。梳理检查中发现的再生利用行业监管漏洞，健全制度、强化能力，严防污染问题反弹。

六、各部委联点 环境保护部

联络司局：土壤环境管理司

电话：（010）66556293

传真：（010）66556252

发展改革委

联络司局：资源节约与环境保护司

电话：（010）68505572

传真：（010）68505572

工业和信息化部

联络司局：节能与综合利用司

电话：（010）68205360

传真：（010）68205363

公安部

联络司局：治安管理局

电话：（010）66261919

传真：（010）66264787

商务部

联络司局：流通业发展司

电话：（010）85093765

传真：（010）85093788

工商总局

联络司局：企业监督管理局

电话：（010）88650756

传真：（010）68057992

禁止洋垃圾入境推进固体废物进口管理制度改革实施方案

国务院办公厅关于印发禁止洋垃圾入境推进
固体废物进口管理制度改革实施方案的通知

国办发〔2017〕70号

各省、自治区、直辖市人民政府,国务院各部委、各直属机构:

《禁止洋垃圾入境推进固体废物进口管理制度改革实施方案》已经国务院同意,现印发给你们,请认真贯彻执行。

国务院办公厅

（本文有删减）   2017年7月18日

20世纪80年代以来,为缓解原料不足,我国开始从境外进口可用作原料的固体废物。同时,为加强管理,防范环境风险,逐步建立了较为完善的固体废物进口管理制度体系。近年来,各地区、各有关部门在打击洋垃圾走私、加强进口固体废物监管方面做了大量工作,取得一定成效。但是由于一些地方仍然存在重发展轻环保的思想,部分企业为谋取非法利益不惜铤而走险,洋垃圾非法入境问题屡禁不绝,严重危害人民群众身体健康和我国生态环境安全。按照党中央、国务院关于推进生态文明建设和生态文明体制改革的决策部署,为全面禁止洋垃圾入境,推进固体废物进口管理制度改革,促进国内固体废物无害化、资源化利用,保护生态环境安全和人民群众身体健康,制定以下方案。

一、总体要求

(一)指导思想。全面贯彻党的十八大和十八届三中、四中、五中、六中全会精神,深入贯彻习近平总书记系列重要讲话精神和治国理政新理念新思想新战略,认真落实党中央、国务院决策部署,统筹推进"五位一体"总体布局和协调推进"四个全面"战略布局,牢固树立和贯彻落实创新、协调、绿色、开放、共享的发展理念,坚持以人民为中心的发展思想,坚持稳中求进工作总基调,以提高发展质量和效益为中心,以供给侧结构性改革为主线,以深化改革为动力,全面禁止洋垃圾入境,完善进口固体废物管理制度;切实加强固体废物回收利用管理,大力发展循环经济,切实改善环境质量、维护国家生态环境安全和人民群众身体健康。

(二)基本原则。

坚持疏堵结合、标本兼治。调整完善进口固体废物管理政策,持续保持高压态势,严厉打击洋垃圾走私;提升国内固体废物回收利用水平。

坚持稳妥推进、分类施策。根据环境风险、产业发展现状等因素,分行业分种类制定禁止进口的时间表,分批分类调整进口固体废物管理目录;综合运用法律、经济、行政手段,大幅减少进口种类和数量,全面禁止洋垃圾入境。

坚持协调配合、狠抓落实。各部门要按照职责分工,密切配合、齐抓共管,形成工作合力,加强跟踪督查,确保各项任务按照时间节点落地见效。地方各级人民政府要落实主体责任，切实做好固体废物集散地综合整治、产业转型发展、人员就业安置等工作。

（三）主要目标。严格固体废物进口管理，2017年年底前，全面禁止进口环境危害大、群众反映强烈的固体废物；2019年年底前，逐步停止进口国内资源可以替代的固体废物。通过持续加强对固体废物进口、运输、利用等各环节的监管，确保生态环境安全。保持打击洋垃圾走私高压态势，彻底堵住洋垃圾入境。强化资源节约集约利用，全面提升国内固体废物无害化、资源化利用水平，逐步补齐国内资源缺口，为建设美丽中国和全面建成小康社会提供有力保障。

二、完善堵住洋垃圾进口的监管制度

（四）禁止进口环境危害大、群众反映强烈的固体废物。2017年7月底前，调整进口固体废物管理目录；2017年年底前，禁止进口生活来源废塑料、未经分拣的废纸以及纺织废料、钒渣等品种。（环境保护部、商务部、国家发展改革委、海关总署、质检总局负责落实）

（五）逐步有序减少固体废物进口种类和数量。分批分类调整进口固体废物管理目录，大幅减少固体废物进口种类和数量。（环境保护部、商务部、国家发展改革委、海关总署、质检总局负责落实，2019年年底前完成）

（六）提高固体废物进口门槛。进一步加严标准，修订《进口可用作原料的固体废物环境保护控制标准》，加严夹带物控制指标。（环境保护部、质检总局负责落实，2017年年底前完成）印发《进口废纸环境保护管理规定》，提高进口废纸加工利用企业规

模要求。(环境保护部负责落实，2017年年底前完成)

(七)完善法律法规和相关制度。修订《固体废物进口管理办法》，限定固体废物进口口岸，减少固体废物进口口岸数量。(环境保护部、商务部、国家发展改革委、海关总署、质检总局负责落实，2018年年底前完成)完善固体废物进口许可证制度，取消贸易单位代理进口。(环境保护部、商务部、国家发展改革委、海关总署、质检总局负责落实，2017年年底前完成)增加固体废物鉴别单位数量，解决鉴别难等突出问题。(环境保护部、海关总署、质检总局负责落实，2017年年底前完成)适时提请修订《中华人民共和国固体废物污染环境防治法》等法律法规，提高对走私洋垃圾、非法进口固体废物等行为的处罚标准。(环境保护部、海关总署、质检总局、国务院法制办负责落实，2019年年底前完成)

(八)保障政策平稳过渡。做好政策解读和舆情引导工作，依法依规公开政策调整实施的时间节点、管理要求。(中央宣传部、国家网信办、环境保护部、商务部、国家发展改革委、海关总署、质检总局负责落实，2020年年底前完成)综合运用现有政策措施，促进行业转型，优化产业结构，做好相关从业人员再就业等保障工作。(各有关地方人民政府负责落实，2020年年底前完成)

三、强化洋垃圾非法入境管控

(九)持续严厉打击洋垃圾走私。将打击洋垃圾走私作为海关工作的重中之重，严厉查处走私危险废物、医疗废物、电子废物、生活垃圾等违法行为。深入推进各类专项打私行动，加大海上和沿边非设关地打私工作力度，封堵洋垃圾偷运入境通道，严厉打击货运渠道藏匿、伪报、瞒报、倒证倒货等走私行为。对专项打私行动中发现的洋垃圾，坚决依法予以退运或销毁。（海关总署、公安部、中国海警局负责长期落实）联合开展强化监管严厉打击洋垃圾违法专项行动，重点打击走私、非法进口利用废塑料、废纸、生活垃圾、电子废物、废旧服装等固体废物的各类违法行为。（海关总署、环境保护部、质检总局、公安部负责落实，2017年11月底前完成）对废塑料进口及加工利用企业开展联合专项稽查，重点查处倒卖证件、倒卖货物、企业资质不符等问题。（海关总署、环境保护部、质检总局负责落实，2017年11月底前完成）

（十）加入全过程监管力度。从严审查进口固体废物申请，减量审批固体废物进口许可证，控制许可进口总量。（环境保护部负责长期落实）加强进口固体废物装运前现场检验、结果审核、证书签发等关键控制点的监督管理，强化入境检验检疫，严格执行现场开箱、掏箱规定和查验标准。（质检总局负责长期落实）进一步加大进口固体废物查验力度，严格落实"三个100%"（已配备集装箱检查设备的100%过机，没有配备集装箱检查设备的100%开箱，以及100%过磅）查验要求。（海关总署负责长期落实）加强对重点风险监管企业的现场检查，严厉查处倒卖、非法加工利用进口固体废物以及其他环境违法行为。（环境保护部、海关总署负责长期落实）

（十一）全面整治固体废物集散地。开展全国典型废塑料、废旧服装和电子废物等废物堆放处置利用集散地专项整治行动。贯彻落实《土壤污染防治行动计划》，督促各有关地方人民政府对电子废物、废轮胎、废塑料等再生利用活动进行清理整顿，整治情况列入中央环保督察重点内容。（环境保护部、国家发展改革委、工业和信息化部、商务部、工商总局、各有关地方人民政府负责

落实，2017年年底前完成）

四、建立堵住洋垃圾入境长效机制

（十二）落实企业主体责任。强化日常执法监管，加大对走私洋垃圾、非法进口固体废物、倒卖或非法加工利用固体废物等违法犯罪行为的查处力度。加强法治宣传培训，进一步提高企业守法意识。（海关总署、环境保护部、公安部、质检总局负责长期落实）建立健全中央与地方、部门与部门之间执法信息共享机制，将固体废物利用处置违法企业信息在全国信用信息共享平台、"信用中国"网站和国家企业信用信息公示系统上公示，开展联合惩戒。（国家发展改革委、工业和信息化部、公安部、财政部、环境保护部、商务部、海关总署、工商总局、质检总局等负责长期落实）

（十三）建立国际合作机制。推动与越南等东盟国家建立洋垃圾反走私合作机制，适时发起区域性联合执法行动。利用国际执法合作渠道，强化洋垃圾境外源头地情报研判，加强与世界海关组织、国际刑警组织、联合国环境规划署等机构的合作，建立完善走私洋垃圾退运国际合作机制。（海关总署、公安部、环境保护部负责长期落实）

（十四）开拓新的再生资源渠道。推动贸易和加工模式转变，主动为国内企业"走出去"提供服务，指导相关企业遵守所在国的法律法规，爱护当地资源和环境，维护中国企业良好形象。（国家发展改革委、工业和信息化部、商务部负责长期落实）

五、提升国内固体废物回收利用水平

（十五）提高国内固体废物回收利用率。加快国内固体废物回收利用体系建设，建立健全生产者责任延伸制，推进城乡生活垃圾分类，提高国内固体废物的回收利用率，到2020年，将国内固体废物回收量由2015年的2.46亿吨提高到3.5亿吨。（国家发展改革委、工业和信息化部、商务部、住房城乡建设部负责落实）

（十六）规范国内固体废物加工利用产业发展。发挥"城市矿产"示范基地、资源再生利用重大示范工程、循环经济示范园区等的引领作用和回收利用骨干企业的带动作用，完善再生资源回收利用基础设施，促进国内固体废物加工利用园区化、规模化和清洁化发展。（国家发展改革委、工业和信息化部、商务部负责长期落实）

（十七）加大科技研发力度。提升固体废物资源化利用装备技术水平。提高废弃电器电子产品、报废汽车拆解利用水平。鼓励和支持企业联合科研院所、高校开展非木纤维造纸技术装备研发和产业化，着力提高竹子、芦苇、蔗渣、秸秆等非木纤维应用水平，加大非木纤维清洁制浆技术推广力度。（国家发展改革委、工业和信息化部、科技部、商务部负责长期落实）

（十八）切实加强宣传引导。加大对固体废物进口管理和打击洋垃圾走私成效的宣传力度，及时公开违法犯罪典型案例，彰显我国保护生态环境安全和人民群众身体健康的坚定决心。积极引导公众参与垃圾分类，倡导绿色消费，抵制过度包装。大力推进"互联网+"订货、设计、生产、销售、物流模式，倡导节约使用纸张、塑料等，努力营造全社会共同支持、积极践行保护环境和节约资源的良好氛围。（中央宣传部、国家发展改革委、工业和信息化部、环境保护部、住房城乡建设部、商务部、海关总署、质检总局、国家网信办负责长期落实）

关于推进环保设施和城市污水垃圾处理设施向公众开放的指导意见

环宣教〔2017〕62号

各省、自治区、直辖市环境保护厅（局）；各省、自治区住房城乡建设厅，海南省水务厅，直辖市城市管理委（市容园林委、绿化市容委、市政委、水务局）：

环保设施和城市污水垃圾处理设施是重要的民生工程，对于改善环境质量具有基础性作用。推动相关设施向公众开放，是保障公众环境知情权、参与权、监督权，提高全社会生态环境保护意识的有效措施。为此，环境保护部会同住房城乡建设部组织制定了《关于推进环保设施和城市污水垃圾处理设施向公众开放的指导意见》，现就有关工作事项提出如下意见。

一、总体要求

（一）重要意义

党的十八大以来，党和国家把加强环境保护和生态文明建设摆在更加重要的战略地位，作出一系列重大决策部署。国民经济和社会发展"十三五"规划纲要提出，坚持绿色发展理念，实现生态环境质量总体改善。推动环保设施和城市污水垃圾处理设施向公众开放，旨在使公众理解环保、支持环保、参与环保，激发公众环境责任意识，推动形成崇尚生态文明、共建美丽中国的良好风尚。

（二）基本原则

1. 突出重点。紧密围绕实施大气、水、土壤污染防治行动计划、重点推进环境监测设施、污水处理设施、垃圾处理设施、危险废物和废弃电器电子产品处理设施等向公众开放。

2. 稳步有序。统筹推进环境监测设施、污水处理设施、垃圾处理设施、危险废物和废弃电器电子产品处理设施等设施开放，鼓励具备条件地区先行先试，稳步有序推进，逐步实现公众开放工作制度化、规范化、常态化。

3. 促进参与。合理规划开放内容、精心设计参与方式，鼓励、引导、方便公众积极参与环保工作，真正形成全民环保的生动局面。

二、主要任务

（一）开放内容

1. 环境监测设施。公众开放重点是大气、水、土壤环境质量监测设施，包括具备开放条件的国家或者地方环境质量监测点位、监测中心（站）、监测车辆等。实际活动过程中，既可以选择在监测点位开展，也可以选择在监测中心（站）开展；既可以围绕布点采样、监测分析、数据处理和信息发布全过程开展，也可以针对不同的开放对象选取不同的阶段开展。通过开放活动，让公众走近监测工作，了解监测程序，普及环保知识，增强公众对环境质量监测科学性、准确性的理解，积极履行环保责任，共同呵护生态环境。

2. 城市污水处理设施。重点介绍城市污水处理设施的收水范围、污水特点、处理原理及工艺流程、中控平台及在线监控设施等。在不影响设施正常生产运行和保障公众安全的前提下，公众开放活动可以在处理现场组织开展，采取讲解演示和实地参观相结合的方式。让公众了解污水处理设施将浑浊污水变为明净清水的全过程，培养公众节约水资源、保护水环境的意识，促进节水减污，同时增强公众对污水处理设施的科学认识和监督意识。

3. 城市生活垃圾处理设施。重点介绍垃圾产生、收集与转运过程、处理原理及工艺流程、渗滤液或焚烧烟气处理设施等。在不影响设施正常运行和保障公众安全的前提下，公众开放活动可以在处理现场组织开展，采取讲解演示和实地参观相结合的方式。让公众了解垃圾产生、收集、转运、处理的全过程，引导社会公众转变消费观念，培养绿色低碳环保生活习惯，促进垃圾源头分类，同时增强公众对垃圾处理设施的科学认识和监督意识。

4. 危险废物和废弃电器电子产品处理设施。公众开放重点是危险废物来源、种类、特点、收集及运转过程、处理流程、处置结果和在线监控设施等，以及废弃电器电子产品的收集、运转、拆解、资源化利用情况等。公众开放活动一般在危险废物处理设施、废弃电器电子产品拆解企业组织开展，采取讲解演示和实地参观的方式，废弃电器电子产品拆解可适当邀请公众动手参与。让公众了解危险废物和废弃电器电子产品特点、处理过程、资源利用结果，增强公众对危险废物和废弃电器电子产品处理的监督意识，以自身行动促进危险废物和废弃电器电子产品减量化。

（二）开放步骤

2017年底前，各省级环境监测机构以及省会城市（区）具备开放条件的环境监测设施对公众开放；各省（自治区、直辖市）（以下简称各省）省会城市选择一座具备条件的城市污水处理设施、一座垃圾处理设施作为定期向公众开放点；有条件的省份选择一座危险废物或废弃电器电子产品处理设施作为定期向公众开放点。

2020年底前，鼓励各省在有条件的地级市选择一座环境监测设施、一座城市污水处理设施、一座垃圾处理设施作为开放点；有条件的省份可新增危险废物或废弃电器电子产品处理设施作为开放点，推动开放工作常态化。

各类开放点每两个月应至少组织开展一次公众开放活动，预约参观人数较多时应适当增加开放次数。

三、工作要求

（一）加强公众开放的组织领导。各省环境保护厅（局）会同住房城乡建设厅（局）组织制定公众开放工作年度实施计划，于当年4月底前将拟向公众开放的设施名单上报环境保护部和住房城乡建设部，并向社会公开（2017年各类设施开放点名单可于2017年10月底前上报）。环境监测设施、危险废物和废弃电器电子产品处理设施公众开放活动由环保部门负责，城市污水处理设施、垃圾处理设施开放活动由住房城乡建设（环境卫生）部门负责。各地主管部门应为公众开放工作提供指导，并做好安全保障工作。

运行维护国家环境质量监测点位的企业要按当地环保部门的公开计划，做好配合工作，并组织安排好现场开放日的讲解、路线设计等相关工作。

（二）丰富公众开放的组织形式。开放活动可采取预约报名和集体组织相结合的方式，邀请人大代表、政协委员、专家学者、社会组织、媒体代表、学生、企业员工等社会各界人士广泛参与，并针对不同人群特点分别采取对话交流、政策咨询、现场观摩等形式。开发图书、挂图、宣传册、公益广告、动漫等宣传产品，安排专人接待、指引和讲解，提升活动吸引力和感染力。入场前进行安全教育，提供必要的安全防护措施。注重对公众意见的收集、评估和反馈，深化与公众的联系与沟通。

（三）加强公众开放的舆论宣传。各地主管部门要提前做好宣传动员，利用政府网站、媒体等信息平台，提前公布开放时间、地点、内容、报名方式、行程路线等信息。积极协调媒体资源，在电视、广播、报刊、网站、微博微信等平台和渠道宣传报道公众开放工作情况。鼓励参观人员通过自媒体播报体验和感受，扩大环保公众开放活动的社会影响力，吸引更多公众参与。

（四）做好公众开放的总结推动。各地区、各单位要按照本指导意见要求，及时对工作情况进行总结评估，提炼经验，查找问题，整理保存相关材料，每年12月底前将本年度开展工作的照片及总结报送环境保护部、住房城乡建设部。环境保护部、住房城乡建设部将对各地区、各单位开展活动情况，适时召开环保公众开放工作总结会，推动环保公众开放工作不断向前发展。

环境保护部

住房城乡建设部

2017年4月13日

住房城乡建设部办公厅等部门关于做好非正规垃圾堆放点排查工作的通知

建办村〔2017〕2号

各省、自治区、直辖市住房城乡建设厅（建委、市政管委、城管委）、环境保护厅（局）、农业（农牧、农村经济）厅（局、委）、水利厅（水务局），新疆生产建设兵团建设局（环保局）、农业局、水利局：

为贯彻落实国务院部署和非正规垃圾堆放点排查整治工作电视电话会议精神，摸清非正规垃圾堆放点的数量、规模、位置等情况，为下一步整治工作奠定基础，现就非正规垃圾堆放点排查工作通知如下：

一、排查对象和范围

排查对象是城乡垃圾乱堆乱放形成的各类非正规垃圾堆放点及河流（湖泊）和水利枢纽内一定规模的漂浮垃圾。垃圾类型包括生活垃圾、建筑垃圾、一般工业固体废物、危险废物、离田农业生产废弃物。

排查范围覆盖全国所有县（市、区），重点排查区域是城乡结合部、环境敏感区、主要交通干道沿线，以及河流（湖泊）和水利枢纽管理范围。

二、排查内容和要求

省级住房城乡建设、环境保护、农业、水利部门负责组织县（市、区）对陆地非正规垃圾堆放点、河湖及水利枢纽漂浮垃圾进行现场排查。

（一）非正规垃圾堆放点排查内容和要求。排查陆地、河流（湖泊）和水利枢纽管理范围内的非正规垃圾堆放点，并调查记录规模较大的堆放点信息。其中，以生活垃圾为主要成分的，调查体积在500立方米以上的堆放点；以建筑垃圾为主要成分的，调查体积在5000立方米以上的堆放点；以一般工业固体废物为主要成分的，调查体积在500立方米以上的堆放点；以危险废物为主要成分的，调查堆放重量3吨以上的堆放点；以离田农业生产废弃物为主要成分的，调查体积在500立方米以上的堆放点。对于以生活垃圾、建筑垃圾、离田农业生产废弃物为主要成分的非正规垃圾堆放点，属临时堆放且堆放时间小于6个月的不纳入调查。

县级住房城乡建设（或业务主管）、环境保护部门会同农业、水行政管理部门在乡镇（街道）、村（居）委会配合下，组织调查陆地、河湖和水利枢纽管理范围内的非正规垃圾堆放点，填写非正规垃圾堆放点调查表（附件1　表1-1），每个非正规垃圾堆放点对应填写一张调查表，并至少附一张带堆放点位置信息的照片。河流（湖泊）和水利枢纽管理单位配合做好管辖范围内的非正规垃圾堆放点调查工作。

（二）漂浮垃圾排查内容和要求。排查河流（湖泊）和水利枢纽内的漂浮垃圾，并调查记录面积在500平方米以上的漂浮垃圾信息。河流（湖泊）和水利枢纽管理单位负责组织漂浮垃圾调查并填写调查表（附件1　表1-2），每处漂浮垃圾对应填写一张调查表，并至少附一张带位置信息的照片。调查完成后，交县级住房城乡建设（或业务主管）部门汇总。

（三）县（区、市）基本情况调查和要求。非正规垃圾堆放点或漂浮垃圾所在县（区、市）住房城乡建设（或业务主管）、环境保护部门负责填写县（区、市）基本情况调查表（附件1表1-3），内容包括人口、财政收入、乡镇和行政村数量，以及生活垃圾、农业生产废弃物、建筑垃圾、工业固体废物的产生量、无害化处理量和处理方法等。

三、排查信息录入

住房城乡建设部建立非正规垃圾堆放点排查整治信息系统（以下简称信息系统，网址：http：//czjs.mohurd.gov.cn）。省、市、县、乡镇4级用户名和初始密码可从信息系统下载。4级用户均可查看本级排查信息录入情况。省级和市级用户不能录入信息。县级用户可录入县（区、市）基本情况调查表信息。乡镇用户可录入非正规垃圾堆放点调查表和漂浮垃圾调查表信息。

县级住房城乡建设（或业务主管）、环境保护等部门负责组织调查人员将非正规垃圾堆放点或漂浮垃圾信息录入到信息系统。信息录入可采取以下方式：

（一）手机终端录入（推荐方式）。调查人员事先登录信息系统，下载应用程序并安装到手机。现场调查时打开应用程序和手机GPS定位功能权限，现场采集信息、拍摄相应照片，完成后点击保存，并在有无线网络或手机信号的情况下上传。照片必须带有地理位置坐标信息，否则无法保存和上传。

（二）电脑终端录入。调查人员现场填写调查表、拍摄带有地理位置坐标信息的照片，做好调查表与照片的对应标记。在电脑端登录信息系统，选择非正规垃圾堆放点排查整治窗口，根据窗口提示要求，将采集的信息及照片完整、准确地录入信息系统。

县级住房城乡建设（或业务主管）、环境保护等部门负责组织人员将县（区、市）基本情况调查表信息录入信息系统。

排查信息录入工作应于2017年4月底前完成。

四、排查结果审核

县（市、区）完成非正规垃圾堆放点或漂浮垃圾调查后，省级、市级住房城乡建设（或业务主管）、环境保护等部门要抽取部分县（市、区）进行现场核查，校核信息系统填报数据，检查漏报、瞒报情况。住房城乡建设部、环境保护部等部门将选择若干省份随机抽取部分县（市、区）进行核查。排查结果审核工作应于2017年5月底前完成。

五、建立工作台账

县（市、区）相关部门根据排查结果，建立非正规垃圾堆放点和漂浮垃圾工作台账（附件2），内容包括所在县（市、区）所有非正规垃圾堆放点和漂浮垃圾的现状及下一步整治方案等信息。工作台账以县级为单元建立，并录入信息系统。各省（区、市）住房城乡建设、环境保护部门要做好督促和检查。县级工作台账建立和录入信息系统工作应于2017年6月底前完成。

自2017年2月起，住房城乡建设部、环境保护部等部门将每月公布一次各省（区、市）排查工作进度以及排查结果审核情况，对工作进度缓慢或严重弄虚作假的将进行通报批评。对排查过程中发现的环境违法行为，要依法严肃查处，涉嫌刑事犯罪的移交公安部门依法处理。

调查和信息录入过程中，有任何问题请与住房城乡建设部、环境保护部联系。

联系人及电话：住房城乡建设部村镇建设司

胡建坤　010-58933609

环境保护部水环境管理司

贾小梅　010-66103040

附件：1. 非正规垃圾堆放点、漂浮垃圾、县（市、区）基本情况调查表（略）

2. 非正规垃圾堆放点和漂浮垃圾工作台账（略）

中华人民共和国住房和城乡建设部办公厅
环境保护部办公厅
中华人民共和国农业部办公厅
中华人民共和国水利部办公厅
2017 年 1 月 6 日

关于政府参与的污水、垃圾处理项目全面实施 PPP 模式的通知

财建〔2017〕455 号

各省、自治区、直辖市、计划单列市财政厅（局）、住房城乡建设厅（委）、环境保护厅（局）、农业部门，新疆生产建设兵团财务局、建设局、环境保护局、农业局：

为贯彻落实党的十八大以来中央关于加快完善现代市场体系、加快生态文明制度建设相关战略部署，进一步规范污水、垃圾处理行业市场运行，提高政府参与效率，充分吸引社会资本参与，促进污水、垃圾处理行业健康发展，我们拟对政府参与的污水、垃圾处理项目全面实施政府和社会资本合作（PPP）模式，现将有关事项通知如下：

一、总体要求

（一）指导思想。全面贯彻党的十八大和十八届三中、四中、五中、六中全会精神，深入落实《中共中央关于全面深化改革若干重大问题的决定》中关于建立吸引社会资本投入生态环境保护的市场化机制有关要求，发挥市场机制决定性作用和更好发挥政府作用，提高政府参与效率，充分吸引社会资本投资参与，提升环境公共服务质量，深入推进供给侧改革。

（二）基本原则。以全面实施为核心，在污水、垃圾处理领域全方位引入市场机制，推进 PPP 模式应用，对污水和垃圾收集、转运、处理、处置各环节进行系统整合，实现污水处理厂网一体

和垃圾处理清洁邻利，有效实施绩效考核和按效付费，通过PPP模式提升相关公共服务质量和效率。以因地制宜为基础，加大引导支持力度，强化按效付费机制，政府和社会资本双方按照市场机制原则协商确定PPP模式实现方式。以规范操作为抓手，严格执行财政PPP工作制度规范体系，防止变相举借政府债务，防范财政金融风险，深入推进相关领域内PPP改革。以提升效率为导向，增强相关领域内项目融资能力，畅通社会资本进入渠道，提高项目管理水平。

（三）总体目标。政府参与的新建污水、垃圾处理项目全面实施PPP模式。有序推进存量项目转型为PPP模式。尽快在该领域内形成以社会资本为主，统一、规范、高效的PPP市场，推动相关环境公共产品和服务供给结构明显优化。

二、实施要求

（四）适用范围。政府以货币、实物、权益等各类资产参与，或以公共部门身份通过其他形式介入项目风险分担或利益分配机制，且财政可承受能力论证及物有所值评价通过的各类污水、垃圾处理领域项目，全面实施PPP模式。

（五）实施内容。符合全面实施PPP模式条件的各类污水、垃圾处理项目，政府参与的途径限于PPP模式。政府与社会资本间应签署PPP协议，明确权益分配和风险分担机制，并通过成立具有独立法人资格的PPP项目公司实现项目商业风险隔离。政府可以在符合PPP相关政策规定的前提下对项目给予必要的支持，但不得为项目融资提供担保，不得对项目商业风险承担无限责任，不得以任何方式承诺回购社会资本方的投资本金，不得以任何方式承担社会资本方的投资本金损失，不得以任何方式向社会资本方承诺最低收益。

（六）规范操作。确保污水、垃圾处理领域 PPP 项目质量，规范项目发起、识别、准备、采购、执行、移交各环节操作流程，严格执行《关于在公共服务领域推广政府和社会资本合作模式的指导意见》（国办发〔2015〕42 号）等相关规定。认真贯彻落实污水、垃圾处理领域各项行业管理规范、技术标准和相关税费政策。严格合同管理，相关合同文本中应明确有关绩效考核、按效付费条款，提高服务质量和效率。

（七）有序实施。各级财政和行业管理部门，应结合项目经济属性、受益范围和行业管理模式等情况合理确定介入项目的政府层级及部门。根据项目非竞争性和非排他性强度，合理确定公共资源介入程度。严格约束政府行为，削减行政审批，杜绝对市场运行的不当干预。大幅度减少政府对该领域内市场资源的直接配置，着力推动市场资源依据市场规则、市场价格和市场竞争实现效益最大化和效率最优化。

三、支持政策

（八）优化财政政策。大力支持污水、垃圾处理领域全面实施 PPP 模式工作，未有效落实全面实施 PPP 模式政策的项目，原则上不予安排相关预算支出。各级地方财政要积极推进污水、垃圾处理领域财政资金转型，以运营补贴作为财政资金投入的主要方式，也可从财政资金中安排前期费用奖励予以支持，逐步减少资本金投入和投资补助。加大对各类财政资金的整合力度，涉农资金整合中充分统筹农村污水、垃圾处理相关支持资金，扩大规模经济和范围经济效应，形成资金政策合力，优先支持民营资本参与的项目。

（九）完善行业管理。加强对污水、垃圾处理领域全面实施PPP模式相关工作的指导，科学编制并严格落实有关规划，督促相关项目加快落地实施。通过全面实施PPP模式，有力提升污水、垃圾处理能力建设和项目管理水平。区域流域环境治理总体方案内、外，以及城市、农村的污水、垃圾处理工作得到有效统筹协调，并同生态产业及循环经济发展、面源污染治理有效衔接。建设完善项目服务质量、运营成本、安全生产及环保指标监测与监管体系，建立形成基于绩效的PPP项目收益机制。

四、组织领导

（十）工作机制。污水、垃圾处理领域全面实施PPP模式工作以"中央引导、地方推进、市场配置资源、模式全面实施"为主线，建立中央规划部署、地方贯彻落实、多部门协调合作的工作机制。

（十一）地方责任。各级地方政府是污水、垃圾处理领域全面实施PPP模式工作的责任主体，要逐级建立工作机制，强化组织领导，加强对相关工作的考核。

五、其他

（十二）本通知自发布之日起施行。

财政部　住房城乡建设部
农业部　环境保护部
2017年7月1日

住房城乡建设部等部门关于全面推进农村垃圾治理的指导意见

建村〔2015〕170号

各省、自治区、直辖市人民政府，国务院各部委、各直属机构：

全面治理农村垃圾是改善农村环境的有力举措，是广大农民群众的迫切愿望。我国农村国土面积大、人口多，垃圾消纳处理问题突出。党中央、国务院明确提出，要全面推进农村人居环境整治，开展农村垃圾专项治理。为全面治理农村垃圾，解决好当前农村垃圾乱扔乱放、治理滞后等问题，经国务院同意，现提出以下意见：

一、总体要求

（一）指导思想。深入学习领会党的十八大和十八届三中、四中、五中全会精神，认真贯彻落实党中央和国务院的决策部署，以统筹城乡发展、造福农民群众为出发点，以实现农村垃圾的全面长效治理为目标，加大投入、健全机制、发动群众、科学施策，形成改善人居环境与提升乡风文明相互促进的良好局面，建设清洁卫生的宜居环境和农民群众安居乐业的美丽乡村。

（二）基本原则。

政府主导，依靠群众。各地区、各有关部门要切实承担农村垃圾治理的职责，做好规划编制、资金投入、设施建设和运行管理等方面工作。发挥群众主动性，尊重群众意愿，明确村民责任和义务，共同改善村容村貌、建设美好家园。

因地制宜，科学治理。根据经济社会发展实际情况和自然条件，科学确定不同地区农村垃圾的收集、转运和处理模式，推进农村垃圾就地分类减量和资源回收利用，防止简单照搬城市模式或治理标准"一刀切"。

全面治理，注重长效。农村垃圾治理要全面推进，不留死角，坚决防止搞形象工程、做表面文章。要一抓到底，逐步建立农村垃圾长效治理机制，确保取得实效，防止"走过场"、"一阵风"。

齐抓共管，统筹推进。形成分工明确、高效有力的工作机制，协同推进农村垃圾治理各项工作，保障人力物力财力投入，鼓励社会资本参与农村垃圾治理。

（三）目标任务。因地制宜建立"村收集、镇转运、县处理"的模式，有效治理农业生产生活垃圾、建筑垃圾、农村工业垃圾等。到2020年全面建成小康社会时，全国90%以上村庄的生活垃圾得到有效治理，实现有齐全的设施设备、有成熟的治理技术、有稳定的保洁队伍、有长效的资金保障、有完善的监管制度；农村畜禽粪便基本实现资源化利用，农作物秸秆综合利用率达到85%以上，农膜回收率达到80%以上；农村地区工业危险废物无害化利用处置率达到95%。

二、主要任务

（一）建立村庄保洁制度。尽快建立稳定的村庄保洁队伍，根据作业半径、劳动强度等合理配置保洁员。鼓励通过公开竞争方式确定保洁员。明确保洁员在垃圾收集、村庄保洁、资源回收、宣传监督等方面的职责。通过修订完善村规民约、与村民签订门前三包责任书等方式，明确村民的保洁义务。

（二）推行垃圾源头减量。适合在农村消纳的垃圾应分类后就地减量。果皮、枝叶、厨余等可降解有机垃圾应就近堆肥，或利用农村沼气设施与畜禽粪便以及秸秆等农业废弃物合并处理，发展生物质能源；灰渣、建筑垃圾等惰性垃圾应铺路填坑或就近掩埋；可再生资源应尽可能回收，鼓励企业加大回收力度，提高利用效率；有毒有害垃圾应单独收集，送相关废物处理中心或按有关规定处理。

（三）全面治理生活垃圾。根据村庄分布、经济条件等因素确定农村生活垃圾收运和处理方式，原则上所有行政村都要建设垃圾集中收集点，配备收集车辆；逐步改造或停用露天垃圾池等敞开式收集场所、设施，鼓励村民自备垃圾收集容器。原则上每个乡镇都应建有垃圾转运站，相邻乡镇可共建共享。逐步提高转运设施及环卫机具的卫生水平，普及密闭运输车辆，有条件的应配置压缩式运输车，建立与垃圾清运体系相配套、可共享的再生资源回收体系。优先利用城镇处理设施处理农村生活垃圾，城镇现有处理设施容量不足时应及时新建、改建或扩建；选择符合农村实际和环保要求、成熟可靠的终端处理工艺，推行卫生化的填埋、焚烧、堆肥或沼气处理等方式，禁止露天焚烧垃圾，逐步取缔二次污染严重的简易填埋设施以及小型焚烧炉等。边远村庄垃圾尽量就地减量、处理，不具备处理条件的应妥善储存、定期外运处理。

（四）推进农业生产废弃物资源化利用。推广适合不同区域特点的经济高效、可持续运行的畜禽养殖废弃物综合利用模式，推动建设一批畜禽粪污原地收储、转运、固体粪便集中堆肥等设施和有机肥加工厂。推进秸秆综合利用规模化、产业化，建立健全秸秆收储运体系，推进秸秆机械还田和饲料化利用，实施秸秆能源化集中供气、供电和秸秆固化成型燃料供热等项目。加快地膜标准修订，推广使用加厚地膜，开展可降解地膜研发和试验示范，推进农田残膜回收区域性示范，扶持地膜回收网点和废旧地膜加工能力建设。建立农资包装废弃物贮运机制，回收处置农药、化肥、农膜等农资包装物。

（五）规范处置农村工业固体废物。按照固体废物污染环境防治法的有关规定，加强农村地区工业固体废物产生单位的监督管理，督促相关工业企业严格按照国家环境保护标准贮存、转移、利用、处置工业固体废物，落实危险废物无害化管理措施，坚决查处在农村地区非法倾倒、堆置工业固体废物的行为，严厉打击危险废物污染环境的违法行为。推动农村地区工业固体废物的综合利用，因地制宜发展能源化、建材化等综合利用技术。依托现有危险废物处理设施集中处置农村地区工业危险废物。

（六）清理陈年垃圾。全面排查、摸清陈年垃圾存量、分布和污染情况，集中力量、限定时间、不留死角，尽快完成陈年垃圾清理任务。重点清理村庄路边、河边桥头、坑塘沟渠等地方堆弃的垃圾。禁止城市向农村转移堆弃垃圾，防止在村庄周边形成新的垃圾污染。

三、保障措施

（一）加强组织领导。各级地方政府要把农村垃圾治理纳入重要议事日程和工作考核内容，建立相关负责同志牵头、相关部门参与、目标明确、责任清晰的工作机制。各省（区、市）人民政府对本地区农村垃圾治理负总责，要抓紧编制农村垃圾治理实施方案，与改善农村人居环境、农村环境综合整治等规划衔接，并于2015年底前报住房城乡建设部、环境保护部、农业部备案。县级人民政府是农村垃圾治理的责任主体，要抓紧制定实施计划，整合各类资源，完善设施建设，保障日常运行。乡镇人民政府要配合做好收集转运设施建设和日常运行等工作，落实专人负责。

村委会应组织动员村民，修订完善村规民约，做好村庄保洁。

（二）形成工作合力。有关部门要各司其职、密切配合，建立部际联席会议制度，共同推进农村垃圾治理工作。住房城乡建设部门负责农村生活垃圾清扫、收集、运输和处置的监督管理。农村工作综合部门参与制定农村垃圾治理有关政策，做好政策落实有关工作。文明办负责将农村垃圾治理纳入文明村镇的考评内容。发展改革部门负责将农村垃圾治理纳入相关规划，研究制定相关支持政策，负责农业生产废弃物综合利用工作的组织协调。财政部门负责统筹现有资金支持农村垃圾治理。环境保护部门负责组织农村环境综合整治，对农村生活垃圾治理予以重点支持，将农村生活垃圾治理纳入生态文明建设示范村镇考核内容，对农村工业固体废物污染防治工作实施统一监督管理。农业部门负责加强沼气和生物天然气开发利用，以及农业生产废弃物和农资包装废弃物综合利用的指导和服务。商务部门负责指导再生资源回收体系建设。爱卫办负责协调开展城乡环境卫生整洁行动，将农村垃圾治理情况纳入卫生乡镇的考核内容。妇联负责发动农村妇女积极参与农村垃圾治理。

（三）保障资金投入。各级财政要积极支持农村垃圾治理。中央财政加大一般性转移支付力度，增强地方财政保障能力，支持各地开展农村垃圾治理。省、市两级财政给予积极支持。县级人民政府要将农村垃圾治理费用纳入财政预算，按照"渠道不乱、用途不变、统筹安排、形成合力"的要求整合相关专项资金。引导社会资本参与农村垃圾治理，鼓励采取政府与社会资本合作等方式将农村环卫作业中经营性服务项目推向市场。社会资本参与旅游开发等新农村建设的，应承担相应的垃圾治理责任。有条件的地方要探索建立住户付费、村集体补贴、财政补助相结合的机制，引导村民和村集体出资出力承担一定的生活垃圾日常保洁义务，不得强制或变相摊派，增加农民负担。鼓励社会帮扶、捐资捐赠治理农村垃圾。

（四）动员群众参与。大力开展宣传教育，采取多种形式宣传垃圾治理要求、卫生文明习惯、村民参与义务等，激发村民清洁家园的积极性和主动性。积极动员村民主动清洁房前屋后、维护公共环境，开展文明农户、卫生家庭等评选活动。发挥农村妇女的家庭骨干作用，带动全家参与农村垃圾治理。建立健全监督机制，组织老党员、老干部等开展义务监督，建立网络、电话等监督渠道，对反映的问题及时反馈并整改。

四、督导检查

住房城乡建设部要会同有关部门加强农村垃圾治理工作的检查和指导，根据各省（区、市）年度工作情况、全国农村人居环境信息系统数据等，对各省（区、市）农村垃圾治理情况进行评价，及时通报评价结果并抄送省级人民政府，对工作落后的省份约谈相关负责人。各省（区、市）要将农村垃圾治理情况纳入改善农村人居环境年度工作报告，并报住房城乡建设部、环境保护部、农业部。各省（区、市）完成治理目标后，可向住房城乡建设部提出验收申请，由10部门组织验收，具体办法另行制定。

中华人民共和国住房和城乡建设部
中央农村工作领导小组办公室
中央精神文明建设指导委员会办公室
中华人民共和国国家发展和改革委员会
中华人民共和国财政部

国家发展改革委关于完善垃圾焚烧发电价格政策的通知

发改价格〔2012〕801号

各省、自治区、直辖市发展改革委、物价局：

为引导垃圾焚烧发电产业健康发展，促进资源节约和环境保护，决定进一步完善垃圾焚烧发电价格政策。现将有关事项通知如下：

一、进一步规范垃圾焚烧发电价格政策

以生活垃圾为原料的垃圾焚烧发电项目，均先按其入厂垃圾处理量折算成上网电量进行结算，每吨生活垃圾折算上网电量暂定为280千瓦时，并执行全国统一垃圾发电标杆电价每千瓦时0.65元（含税，下同）；其余上网电量执行当地同类燃煤发电机组上网电价。

二、完善垃圾焚烧发电费用分摊制度

垃圾焚烧发电上网电价高出当地脱硫燃煤机组标杆上网电价的部分实行两级分摊。其中，当地省级电网负担每千瓦时0.1元，电网企业由此增加的购电成本通过销售电价予以疏导；其余部分纳入全国征收的可再生能源电价附加解决。

三、切实加强垃圾焚烧发电价格监管

（一）省级价格主管部门依据垃圾发电项目核准文件、垃圾处理合同，以及当地有关部门支付垃圾处理费的银行转账单等，定期对垃圾处理量进行核实。电网企业依据省级价格主管部门核定的垃圾发电上网电量和常规能源发电上网电量支付电费。

（二）当以垃圾处理量折算的上网电量低于实际上网电量的50%时，视为常规发电项目，不得享受垃圾发电价格补贴；当折算上网电量高于实际上网电量的50%且低于实际上网电量时，以折算的上网电量作为垃圾发电上网电量；当折算上网电量高于实际上网电量时，以实际上网电量作为垃圾发电上网电量。

（三）各级价格主管部门要加强对垃圾焚烧发电上网电价执行和电价附加补贴结算的监管，做好垃圾处理量、上网电量及电价补贴的统计核查工作，确保上网电价政策执行到位。各发电企业和电网企业必须真实、完整地记载和保存垃圾焚烧发电项目上网电量、价格、补贴金额和垃圾处理量等资料，接受有关部门监督检查。

（四）对虚报垃圾处理量、不据实核定垃圾处理量和上网电量等行为，将予以严肃查处，取消相关垃圾焚烧发电企业电价补贴，并依法追究有关人员责任。

（五）电网企业应按照《可再生能源法》和有关规定，承担垃圾焚烧发电项目接入系统的建设和管理责任。

四、执行时间

本通知自2012年4月1日起执行。2006年1月1日后核准的垃圾焚烧发电项目均按上述规定执行。

国家发展改革委

二〇一二年三月二十八日

防止船舶垃圾和沿岸固体废物污染长江水域管理规定

(1997年12月24日交通部、建设部、国家环境保护局发布)

第一章 总 则

第一条 为防止船舶垃圾和沿岸固体废物污染，保护长江水域环境，根据《中华人民共和国水污染防治法》、《中华人民共和国固体废物污染环境防治法》、《城市市容和环境卫生管理条例》等法律、法规及有关国际公约，制定本规定。

第二条 本规定适用于长江水域内航行、停泊、作业的船舶和船舶所有人（经营人）以及码头装卸设施所有人（经营人）；长江沿岸城市的一切单位和个人以及从事垃圾接收处理的单位和作业人员。

第三条 国务院环境保护行政主管部门负责长江水污染防治和固体废物污染防治的监督管理工作；国务院交通行政主管部门负责防治船舶垃圾污染长江水域的监督管理工作；国务院建设行政主管部门负责沿岸城市生活垃圾清扫、收集、贮存、运输和处置的监督管理工作。

第四条 国务院有关部门和长江沿岸各级人民政府，应将长江环境保护工作纳入计划，结合各自的职责，制定防止船舶垃圾和沿岸固体废物污染长江水域的对策、措施和治理规划，并组织实施。

第二章 防止船舶垃圾污染

第五条 总长度为12米及以上的船舶应设置统一监制的告示牌，告知船员和旅客关于垃圾管理的要求及处罚的规定。

第六条 凡400总吨及以上的船舶和经核定可载客15人及以上的船舶，均须备有港航监督部门批准的《船舶垃圾管理计划》和签发的《船舶垃圾记录簿》。船舶垃圾处理作业应符合《船舶垃圾管理计划》中所规定的操作程序，有关作业情况如实记录，《船舶垃圾记录簿》应在船上保存二年。

第七条 不足400总吨的船舶和经核定载客不足15人的船舶，有关垃圾处理情况应如实记录于《航行日志》中，以备港航监督部门检查。

第八条 禁止将船舶垃圾排放入江。

船舶应配备有盖、不渗漏、不外溢的垃圾储存容器，或实行袋装，及时运往垃圾接收设施。

第九条 船长和船员应熟悉船上《船舶垃圾管理计划》，并接受港航监督部门的检查。对不符合规定要求的船舶，港航监督部门按有关规定处理，船舶达到规定要求后，方可准其离港。

第十条 船公司应为客船（含旅游船）、客货船和渡船配备专（兼）职环保监督管理员，负责船上环境卫生的管理工作，禁止船员和乘客向江中抛弃垃圾。

第十一条 未经港航监督部门批准，船舶不得在港内擅自使用焚烧炉处理船舶垃圾。在港内使用的焚烧炉必须符合环境保护要求。

第三章 防止沿岸固体废物污染

第十二条 禁止在长江沿岸江坡设置垃圾和工业固体废物堆

放场点。现有的垃圾和工业固体废物堆放场点应限期关闭。在关闭前，地方政府应重新安排垃圾处理场所。

第十三条 长江沿岸城市各单位和居民应严格执行《城市市容和环境卫生管理条例》，将生活垃圾投入垃圾容器或者指定的场所，禁止任何单位和个人在沿江岸坡堆放或向水域倾倒垃圾。

第十四条 长江沿岸的建设或施工单位，应严格执行《城市建筑垃圾管理规定》，对建筑垃圾的收集、运输、消纳和处理必须服从当地城市市容环境卫生行政主管部门统一管理。严禁建设和施工单位将建筑施工活动中产生的工程废弃物料等垃圾堆放在长江沿岸江坡或倾倒入江。

第十五条 长江沿岸企事业单位不得将工业固体废物堆放在长江沿岸江坡或倾倒入江，也不得排入下水道流入长江。

第四章 垃圾接收设施与管理

第十六条 港方、船舶垃圾接收单位和城市环卫单位必须保证到港船舶的垃圾及时接收、运输和处理。城市环卫单位与船舶垃圾接收单位应按照有偿使用的原则就船舶垃圾的运输和处理达成协议，以满足到港船舶垃圾接收的需要，如果不能达成上述协议，双方首先要保证船舶垃圾的接收、运输和处理，应服从城市市容环境卫生行政主管部门的协调和仲裁。

第十七条 凡需从事船舶垃圾接收作业的单位，须分别向城市市容环境卫生行政主管部门和港航监督部门提交书面申请，经审核批准，并取得城市市容环境卫生行政主管部门和港航监督部门共同签发的《船舶垃圾接收作业许可证》（见附表1），方能进行船舶垃圾接收作业。

船舶垃圾接收单位在作业前须向船方出示《船舶垃圾接收作业许可证》，作业完毕向船方开具《船舶垃圾接收证明》（见附表2）。

第十八条 凡从事船舶垃圾收集、运输、处理服务的单位和个人，必须将船舶垃圾运往当地城市市容环境卫生行政主管部门指定的垃圾转运站或处理场，不得任意倾倒。

第十九条 存放船舶垃圾和固体废物的设施或容器，必须保持完好，外观和周围环境应当清洁。不得任意搬动、拆除、封闭。

第五章 特别规定

第二十条 长江沿岸各港航监督部门和城市市容环境卫生行政主管部门应督促港口船舶垃圾接收单位与城市环卫单位在收集、运输、处理垃圾各系统之间相互衔接、相互协调，及时妥善处置船舶垃圾。

第二十一条 船舶在冲洗甲板或舱室时，应当事先进行清扫，不得将货物残余物排入水域。

装载有毒有害货物的船舶不得冲洗甲板或舱室。

船舶垃圾中含有毒有害或其它危险成份的，必须严格与其它垃圾分开收集。在接收前，船方应向接收单位说明这些物质的品名、数量、性质和处理注意事项。接收单位应按照环境保护行政主管部门有关危险废物管理规定，并将船舶垃圾运往指定的处理场进行处置。

第二十二条 来自疫情港口的船舶，应申请卫生检疫部门进行卫生处理。

第二十三条 船舶垃圾接收单位，应按有关规定计收费用，不得任意乱收费。

第六章 法律责任

第二十四条 发生垃圾污染事故时，船舶所有人（经营人）、单位和个人应立即采取措施，控制和消除污染，同时向港航监督部门和当地环境保护行政主管部门报告，接受调查处理。造成或可能造成水域严重污染的，港航监督部门和当地环境保护行政主管部门有权采取强制清除措施，由此产生的一切费用由肇事方承担。

第二十五条 造成水域污染损害的单位和个人，应承担损害赔偿责任。

第二十六条 港口码头、装卸站、船舶修造厂、拆船厂所有人（经营人）和船舶垃圾接收单位因接收设施问题或人为因素造成船舶不当延误和经济损失的，应承担赔偿责任。

第二十七条 违反本规定，有下列行为之一的，由港航监督部门、城市市容环境卫生行政主管部门、环境保护行政主管部门按照各自职责视情节对违法的单位给予书面警告或处以1000元以上30000元以下罚款，并责令其限期改正；对违法的个人给予警告或处以100元以上300元以下罚款。

（一）未经城市市容环境卫生行政主管部门和港航监督部门批准，擅自在港口码头和水上从事船舶垃圾接收的，处以5000元以上15000元以下罚款；

（二）未按有关部门规定的方式收集、运输和处理垃圾的，处以警告或1000元以上3000元以下罚款；

（三）在沿岸江坡任意设置垃圾或工业固体废物堆放场点的，处以10000元以上30000元以下罚款；

（四）未按规定及时关闭沿岸垃圾或工业固体废物堆放场点的，处以5000元以上10000元以下罚款；

（五）在沿岸江坡任意堆放或向水域倾倒垃圾工业固体废物的，处以警告或处以10000元以上30000元以下罚款；

（六）将有毒害废物混入生活垃圾中的，处以10000元以上30000元以下罚款；

（七）未按规定配备《船舶垃圾记录簿》和《船舶垃圾管理计划》的，处以3000元以下罚款；

（八）将船舶垃圾投入江中的，处以警告或5000元以上30000元以下罚款；

（九）违反本规定的其它行为并造成环境污染事故的，处以5000元以下罚款。

第二十八条 违反本规定，同时违反治安管理处罚规定的，由公安机关依照《中华人民共和国治安管理处罚条例》的规定处罚；构成犯罪的，由司法机关依法追究刑事责任。

第二十九条 当事人对行政处罚决定不服的，可以依照《中华人民共和国行政诉讼法》和《中华人民共和国行政复议条例》的有关规定，申请行政复议或者提起诉讼。当事人逾期不申请复议也不向人民法院起诉，又不履行处罚决定的，由作出处罚决定的机关申请人民法院强制执行。

第七章 附 则

第三十条 本规定所称船舶垃圾是指船舶在日常活动中产生的生活废弃物、垫舱和扫舱物料，以及船上其它固体废物等。沿岸固体废物是指沿岸城市的单位和居民在日常生活及生活服务中产生的废物，建筑施工活动中产生的工程废弃物料以及生产过程中产生的固体废物等。

第三十一条 《船舶垃圾接收作业许可证》是指从事港口码头及水上接收船舶垃圾的单位必须持有的证件。

第三十二条 《船舶垃圾接收证明》是指船方供港航监督部门监督检查垃圾去向的证明。接收单位接收垃圾完毕后必须向船方开具的证明。

第三十三条 收缴的罚款以人民币计收。

第三十四条 本规定由交通部、建设部、国家环境保护局负责解释。

第三十五条 本规定自一九九八年三月一日起执行。

附表一：船舶垃圾接收作业许可证（略）

附表二：船舶垃圾接收证明（略）

工业和信息化部等六部委关于开展水泥窑协同处置生活垃圾试点工作的通知

工信厅联节〔2015〕28号

为贯彻落实《循环经济发展战略及近期行动计划》（国发〔2013〕5号）、《国务院关于化解产能严重过剩矛盾的指导意见》（国发〔2013〕41号），实施《关于促进生产过程协同资源化处理城市及产业废弃物工作的意见》（发改环资〔2014〕884号），推动化解水泥产能严重过剩矛盾，推进水泥窑协同处置城市生活垃圾，促进水泥行业降低能源资源消耗，建设资源节约型和环境友好型水泥企业，实现水泥行业转型升级、绿色发展，工业和信息化部、住房城乡建设部、发展改革委、科技部、财政部、环境保护部决定联合开展水泥窑协同处置生活垃圾试点及评估工作。现将有关事项通知如下：

一、范围和期限

选取已建成的水泥窑协同处置项目开展试点，并对其运行情况进行评估。承担试点项目的水泥窑生产线须是符合水泥行业准入条件和国家投资管理政策的新型干法水泥熟料生产线。试点及评估工作期限为2年。

二、目标

强化对试点生产线的技术、经济和污染控制水平进行评估，科学、客观地分析水泥窑协同处置技术现状及存在的问题，解决水泥窑协同处置生活垃圾面临的技术、装备、标准、政策等突出问题，规范技术工艺路线,提高技术装备水平,建立标准体系,探索运营模式,为"十三五"科学推进利用水泥窑协同处置生活垃圾奠定基础。

三、内容

(一) 优化水泥窑协同处置技术

在现有基础上,进一步研究生活垃圾替代原料和燃料的技术,优化协同处置过程中生活垃圾预处理、生产过程控制、旁路放风灰利用与无害化处置、产品质量控制等技术,推动水泥窑协同处置生活垃圾技术创新。

(二) 加强工艺装备研发与产业化

加快研发适合中国生活垃圾特性的水泥窑协同处置生活垃圾核心装备。突破生活垃圾预处理、渗滤液处理、臭味控制与处理、自动化控制装备及其他配套装备研发和产业化,提高水泥窑协同处置生活垃圾成套装备产业化水平。

(三) 健全标准体系

研究和制定水泥窑协同处置生活垃圾的综合能耗、污染控制、预处理技术、产品质量控制和等级评价等相关标准规范,研究完善操作规范、技术流程和检测标准,逐步健全水泥窑协同处置生活垃圾标准体系。

(四) 完善政策机制

积极与地方沟通,在试点及评估过程中逐步协调完善项目立项审批、改造工程资金支持、生活垃圾收集运输与协同处置衔接机制、垃圾处理费用补贴与结算机制等,推动建立健全相关政策机制。

(五) 强化项目评估

通过对试点项目连续稳定运行污染物排放情况、水泥产品质量、能耗、成本等数据进行连续监测,客观评估试点项目协同处置生活垃圾连续运行能力、处理效率、污染物排放控制水平、水泥产品质量、项目运行经济性等，为下一步科学推进水泥窑协同处置生活垃圾提供依据。

四、工作要求

（一）相关省级工业和信息化主管部门会同住房城乡建设、发展改革、科技、财政、环保等部门组织本地区已建成的水泥窑协同处置生活垃圾项目（项目名单见附件1）自愿申报试点项目，于2015年5月31日前将试点项目名单及项目实施方案（提纲见附件2）报工业和信息化部（节能与综合利用司）。

（二）试点项目应满足《水泥窑协同处置固体废物污染控制标准》（GB30485-2013）中对协同处置设施的要求。工业和信息化部会同住房城乡建设、发展改革、科技、财政、环保等部门组织专家对试点项目实施方案评审通过后，批复实施方案并发布试点项目名单。

（三）试点项目宜选择能够确保全年连续生产的企业。不能全年连续生产的试点项目，试点企业应加强与本地区政府相关部门协商，提出当地政府认可的可行性备选方案，确保在水泥窑停产期间生活垃圾的妥善处置。

（四）试点企业应在每季度初（20日前）通过省级住房城乡建设部门将上季度项目进展情况报住房和城乡建设部（城乡建设司），同时抄报工业和信息化部（节能与综合利用司）。主要包括以下内容：生活垃圾处理综合成本，吨水泥熟料煤耗、综合能耗，主要污染物排放情况，水泥产品质量检测结果等（详见附件3）。首次数据应从2015年1月1日开始，随同实施方案一并上报。住房城乡建设部将会同工业和信息化部设立评估指标并组织第三方机构对试点项目运行数据进行分析评估，出具评估报告。

五、保障措施

（一）各省级工业和信息化主管部门应会同住房城乡建设、发展改革、财政、环保等部门加强组织协调，充分利用现有设施，支持水泥窑协同处置生活垃圾试点工作。

（二）各试点项目所在地区工业和信息化主管部门应加强对试点项目运行情况及能耗实施管理和监测；财政部门应按照物价部门核定的价格，及时给予水泥企业处理生活垃圾费用；环境保护部门应加强对试点项目的环境监督管理，督促试点企业履行环境信息公开义务；住房建设部门应加强现有生活垃圾收集、运输体系建设，保障试点项目生活垃圾来源。发展改革部门会同相关部门在试点评估的基础上，统筹考虑水泥窑协同处置的布局。

（三）对达到试点评估要求的项目，在推广相关技术路线时，各有关部门利用现有资金渠道，视情况对相关项目给予适当支持。

（四）试点期间各试点项目所在地区工业和信息化主管部门应会同住房城乡建设、发展改革、科技、财政、环保等部门加强对试点项目监督检查，发现问题，及时解决。工业和信息化部会同住房城乡建设部、发展改革委、科技部、财政部、环境保护部对试点项目进行监督检查。

工业和信息化部办公厅

住房和城乡建设部办公厅

国家发展和改革委员会办公厅

科学技术部办公厅

财政部办公厅

环境保护部办公厅

2015 年 4 月 23 日

哈尔滨市城镇垃圾处理费征收办法

哈尔滨市人民政府令
第2号

《哈尔滨市城镇垃圾处理费征收办法》已经2017年7月12日市人民政府第8次常务会议通过，现予公布，自2017年10月1日起施行。

哈尔滨市市长
二〇一七年八月三十日

第一条 为了规范城镇垃圾处理费的征收管理，促进生活垃圾无害化处理和资源化利用，改善生态环境，根据有关法律、法规的规定，结合本市实际，制定本办法。

第二条 本市市区内单位和个人的城镇垃圾处理费征收，适用本办法。

第三条 本办法所称垃圾，是指单位和个人在日常生活中或者为日常生活提供服务中产生的固体废物，不包括建筑垃圾。

本办法所称城镇垃圾处理费（以下简称垃圾处理费），是指采用焚烧、卫生填埋或者其他技术手段进行终端处理生活垃圾产生的费用，不包括收集和运输的费用。

第四条 市市容环境卫生行政主管部门（以下简称市环卫部门）负责垃圾处理费征收管理工作，并组织实施本办法。市环境卫生管理机构依据职责，负责垃圾处理费征收的日常工作。

市发展和改革、财政、城乡建设、民政、税务、审计等行政管理部门按照各自职责，负责垃圾处理费征收管理的相关工作。

第五条　垃圾处理费为行政事业性收费，实行收支两条线管理，收入缴入市级财政，支出由市财政部门通过预算统筹安排。

市财政和审计部门应当加强对垃圾处理费使用情况的监督和审计。

第六条　产生垃圾的单位和个人应当按照规定缴纳垃圾处理费。

下列对象免收垃圾处理费：

（一）特困人员；

（二）最低生活保障家庭；

（三）低收入家庭；

（四）法律、法规、规章规定的其他免收对象。

具体免收办法由市环卫部门会同市民政等部门制定。

第七条　居民的垃圾处理费以户为单位缴纳，单位的垃圾处理费由单位统一缴纳，具体计征方式和征收标准，由市发展和改革部门会同市财政、环卫部门按照规定程序拟定，报市人民政府批准后公布执行。

第八条　垃圾处理费可以采取下列方式征收：

（一）城镇居民的垃圾处理费由市环卫部门直接收取或者委托燃气、供水企业代收；

（二）经营性纳税主体的垃圾处理费由市环卫部门委托地税部门代收；

（三）国家机关、事业单位、部队、团体等单位的垃圾处理费由市环卫部门直接收取或者委托其他单位代收。

第九条 市环卫部门委托其他单位代收垃圾处理费的,应当由市财政部门核定代收手续费,并从垃圾处理费支出预算中列支。

市环卫部门应当与受委托单位签订书面委托协议。

第十条 受委托单位应当按照委托协议代收垃圾处理费,并加强对负责代收垃圾处理费人员的业务培训和监督管理。

第十一条 单位和个人未按照规定缴纳垃圾处理费的,由市环卫部门责令限期缴纳;逾期仍未缴纳的,由市城市管理行政执法部门对单位处以应缴纳垃圾处理费三倍以下最高不超过二万元的罚款,对个人处以应缴纳垃圾处理费三倍以下最高不超过五百元的罚款。

第十二条 有关行政管理部门及其工作人员在征收垃圾处理费的工作中,存在擅自变更收费范围、标准,截留、挪用垃圾处理费以及其他滥用职权、徇私舞弊和玩忽职守行为的,由有权机关依法予以问责、处分。

第十三条 县(市)垃圾处理费征收,可以参照本办法执行。

第十四条 本办法自2017年10月1日起施行。

浙江省餐厨垃圾管理办法

浙江省人民政府令

〔2017〕351号

《浙江省餐厨垃圾管理办法》已经省人民政府第76次常务会议审议通过，现予公布，自2017年7月1日起施行。

浙江省省长

2017年1月20日

第一条 为了加强餐厨垃圾管理，维护环境卫生，保障食品安全和公众身体健康，促进资源循环利用，根据《中华人民共和国固体废物污染环境防治法》和《浙江省城市市容和环境卫生管理条例》等法律、法规，结合本省实际，制定本办法。

第二条 本省城市、县人民政府所在地的建成区的餐厨垃圾投放、收运、处置及相关管理活动，适用本办法。

前款规定以外区域的餐厨垃圾投放、收运、处置可以按照本办法进行管理，具体由市、县（市、区）人民政府确定。

第三条 本办法所称餐厨垃圾，是指从事餐饮服务、集体供餐等活动的单位（含个体工商户，以下统称餐厨垃圾产生单位）在生产经营过程中产生的食物残余和废弃食用油脂；废弃食用油脂是指不可再食用的动植物油脂和各类油水混合物。

餐厨垃圾处理实行单独投放、统一收运、集中处置。其中，针对小餐饮店、小杂食店、食品摊贩产生的餐厨垃圾，市、县（市、区）人民政府可以根据本地实际情况确定管理要求、方式和措施。

鼓励居民日常生活产生的餐厨垃圾与其他生活垃圾分开投放，有条件的地区逐步纳入统一收运、集中处置，有条件的社区可以开展就地收集和处置。市、县（市、区）人民政府可以采取政府购买服务等方式，由有关社会公益组织、环境卫生企业等社会力量开展居民日常生活产生的餐厨垃圾投放、收集、处置的宣传指导和服务活动。

第四条 市、县（市、区）人民政府应当加强对餐厨垃圾管理工作的领导和组织协调，将餐厨垃圾管理工作纳入政府工作范围。

第五条 省建设行政主管部门负责全省餐厨垃圾的监督管理工作。

市、县（市、区）市容环卫行政主管部门负责本行政区域内餐厨垃圾投放、收运、处置的日常管理工作。

县级以上人民政府发展和改革、财政、环境保护、市场监管（食品药品监管）等部门按照职责分工，做好餐厨垃圾管理的有关工作。

第六条 市、县（市）人民政府应当依据国民经济和社会发展规划、城市总体规划等，将餐厨垃圾处理纳入环境卫生专项规划，统筹安排餐厨垃圾收运、处置设施的布局、用地和规模。市、县（市、区）人民政府应当按照环境卫生专项规划和国家、省有关规定，组织建设餐厨垃圾收运、处置设施和运行体系。

第七条 市、县（市、区）人民政府可以根据集约利用的原则，统筹规划、协商确定市县之间餐厨垃圾收运、处置设施和运行体系的建设事宜以及相应的协作补偿机制，实施跨行政区域收运、处置餐厨垃圾。

市、县（市、区）人民政府可以通过购买服务、与社会资本合作等方式，推进餐厨垃圾收运、处置设施建设和运营。

第八条 从事餐厨垃圾收运、处置活动应当具备相应的条件。市容环卫行政主管部门通过招标、特许经营等方式确定餐厨垃圾收运企业（以下简称收运企业）、餐厨垃圾处置企业（以下简称处置企业），并与其签订餐厨垃圾收运、处置经营服务协议。

第九条 餐厨垃圾产生单位应当设置油水分离装置和餐厨垃圾收集容器，将餐厨垃圾进行固液分离和油水分离处理后单独投放；产生的污水排入城镇排水设施的，应当符合相应的排放标准，并依法取得污水排入排水管网许可。

餐厨垃圾产生单位应当与收运企业约定时间和频次，将餐厨垃圾交由收运企业统一收运。

餐厨垃圾产生单位利用餐厨垃圾处理设备等方式自行就地处置的，应当及时将处置方案报送所在地市容环卫行政主管部门备案，并确保设备、工艺及处置的安全和正常运行。市容环卫行政主管部门及时向同级市场监管（食品药品监管）部门通报就地处置方案备案信息。

第十条 收运企业应当按照与餐厨垃圾产生单位约定的时间和频次收集餐厨垃圾，按规定运输至处置场所，交由处置企业进行处置。

餐厨垃圾应当实行密闭化运输，并在收运餐厨垃圾的车辆及容器外部标示收运企业名称和标识。

第十一条 餐厨垃圾收运、处置实行交付确认制度。餐厨垃圾产生单位、收运企业、处置企业在餐厨垃圾交付收运、处置时对其种类、数量予以相互确认，并建立相应的记录台账。

收运企业、处置企业应当按照市、县（市、区）人民政府和市容环卫行政主管部门的要求如实报送收运、处置餐厨垃圾的来源、种类、数量、去向等资料。

第十二条 处置企业对餐厨垃圾进行资源化利用、无害化处理的设施、工艺、材料及运行，应当符合餐厨垃圾处理技术规范和相关标准。采用微生物菌剂处置工艺的，应当按照国家规定采取相应的安全措施。

处置企业在处置过程中应当采取有效的污染防治措施，确保排放的废水、废气、废渣等符合相关排放标准，依法监测并公开污染物排放信息。

第十三条 在餐厨垃圾投放、收运、处置中禁止下列行为：

（一）将餐厨垃圾与其他生活垃圾混合投放；

（二）将餐厨垃圾交由本办法第八条规定以外的单位、个人收运或者处置；

（三）随意倾倒、抛撒餐厨垃圾；

（四）擅自从事餐厨垃圾收运、处置活动；

（五）在运输过程中沿途丢弃、遗撒餐厨垃圾；

（六）以餐厨垃圾为原料生产、加工食用油和其他食品；

（七）法律、法规禁止的其他行为。

第十四条 收运企业、处置企业因设施检修、调整等事由需要暂停收运、处置的，应当提前15日报告所在地市容环卫行政主管部门，并提交收运、处置应急处理方案；因突发事由暂停收运、处置的，应当即时报告并采取应急处理措施。

收运企业、处置企业终止餐厨垃圾收运、处置的，应当按照餐厨垃圾收运、处置经营服务协议的约定办理；市容环卫行政主管部门应当及时落实承接餐厨垃圾收运、处置经营服务的企业。

第十五条　餐厨垃圾产生单位按照所在市、县（市、区）人民政府关于生活垃圾处理费的规定缴纳相关费用。

市容环卫行政主管部门会同财政、价格行政主管部门测算餐厨垃圾收运、处置的运营成本，合理确定支付费用标准和方式；按照餐厨垃圾收运、处置经营服务协议，向收运企业、处置企业支付相关费用。

餐厨垃圾收运、处置服务费用纳入生活垃圾处理费列支，不足部分由所在市、县（市、区）人民政府给予补贴。

第十六条　县级以上人民政府及有关部门应当采取安排相关资金等措施，支持餐厨垃圾收运、处置设施和体系建设以及先进工艺、技术、设施的开发应用，促进餐厨垃圾资源化利用、无害化处理。

第十七条　县级以上人民政府及有关部门应当按照国家和省的有关规定，对处置企业利用餐厨垃圾生产沼气、电能、工业油脂、生物柴油、肥料、饲料等产品的行为，落实税收优惠、产品价格补贴，推动餐厨垃圾资源化利用生产的产品的销售和使用。

第十八条　市容环卫行政主管部门应当建立健全餐厨垃圾投放、收运、处置监督管理制度，加强对餐厨垃圾投放、收运、处置情况的监督检查；会同有关部门建立餐厨垃圾管理信息平台，汇集收运企业、处置企业以及餐厨垃圾投放、收运、处置情况，并及时向社会公布。

第十九条　市场监管（食品药品监管）部门在核发食品经营许可证时，应当告知餐厨垃圾产生单位将餐厨垃圾单独投放、交由收运企业统一收运，并在食品安全日常监督管理中对其落实情况进行检查；向同级市容环卫行政主管部门通报对餐厨垃圾产生单位核发食品经营许可证的有关信息；依法查处以餐厨垃圾为原料进行生产、加工食品的违法行为。

第二十条　环境保护行政主管部门依法查处餐厨垃圾处置企业的环境违法行为。

餐饮服务场所环境影响评价应当包括针对餐厨垃圾的环境污染防治相关措施。

第二十一条　发展和改革部门应当依法审核餐厨垃圾处置设施建设项目，同时征求同级市容环卫行政主管部门的意见；应当加强研究完善相关政策和措施，会同有关部门积极推进餐厨垃圾资源化利用和无害化处理。

第二十二条　市容环卫行政主管部门和其他有关部门对餐厨垃圾投放、收运、处置实施监督检查时，有权采取以下措施：

（一）查阅、复制有关文件和资料；

（二）要求被检查的单位和个人就有关问题作出说明；

（三）进入现场开展检查；

（四）责令有关单位和个人改正违法行为。

第二十三条　任何单位和个人都有权对违反本办法规定投放、收运、处置餐厨垃圾的行为进行投诉举报。市容环卫、市场监管（食品药品监管）、环境保护等行政主管部门应当及时受理投诉举报，依照法定职责调查处理和反馈情况。

第二十四条　餐饮服务、环境卫生等行业协会将餐厨垃圾依法投放、收运、处置的要求纳入行业自律规范和行业管理内容。

第二十五条　违反本办法规定的行为，环境保护、食品安全、市容和环境卫生、城镇排水等法律、法规、规章已有责任规定的，从其规定。

第二十六条　违反本办法第九条第一款和第十三条第一项规定，餐厨垃圾产生单位将餐厨垃圾与其他生活垃圾混合投放的，由市容环卫行政主管部门责令限期改正；逾期不改正的，处以500元以上3000元以下罚款；情节严重的，处以3000元以上5000元以下罚款。

违反本办法第九条第二款和第十三条第二项规定，餐厨垃圾产生单位将餐厨垃圾交由本办法第八条规定以外的单位、个人收运或者处置的，由市容环卫行政主管部门责令限期改正；逾期不改正的，处以2000元以上5000元以下罚款；情节严重的，处以5000元以上20000元以下罚款。

机关、事业单位食堂有违反本办法第九条第二款和第十三条第二项规定行为的，除按照前款规定给予行政处罚外，由有权机关追究该机关、事业单位直接负责的主管人员和其他直接责任人员的行政责任。

第二十七条　违反本办法第八条和第十三条第四项规定，单位或者个人擅自从事餐厨垃圾收运、处置活动的，由市容环卫行政主管部门责令限期改正；逾期不改正的，处以3000元以上10000元以下罚款；情节严重的，处以10000元以上30000元以下罚款。

第二十八条　违反本办法第十条第一款的规定，收运企业未按与餐厨垃圾产生单位约定的时间和频次收集餐厨垃圾，或者未按规定运输至处置场所交由处置企业进行处置的，由市容环卫行政主管部门责令限期改正；逾期不改正的，处以2000元以上5000元以下罚款；情节严重的，处以5000元以上30000元以下罚款。

违反本办法第十三条第二项规定，收运企业将收运的餐厨垃圾交由本办法第八条规定以外的单位、个人处置的，由市容环卫行政主管部门责令限期改正，处以5000元以上20000元以下罚款；情节严重的，处以20000元以上50000元以下罚款。

违反本办法第十条第二款规定，未实行密闭化运输餐厨垃圾的，处以5000元以上30000元以下罚款，由市容环卫行政主管部门责令限期改正。

第二十九条　违反本办法第十二条第一款规定，处置企业对餐厨垃圾进行资源化利用、无害化处理的设施、工艺、材料及运行不符合餐厨垃圾处理技术规范和相关标准的，由市容环卫行政主管部门责令限期改正；逾期不改正的，处以2万元以上5万元以下罚款；情节严重的，处以5万元以上10万元以下罚款。

第三十条　违反本办法第十四条第一款的规定，收运企业、处置企业暂停收运、处置餐厨垃圾未报告或者未及时采取应急处理措施的，由市容环卫行政主管部门责令限期改正；逾期不改正的处以5000元以上30000元以下罚款。

第三十一条　有下列行为之一的，由市容环卫行政主管部门责令限期改正；逾期不改正的，按以下规定处罚：

（一）违反本办法第九条第三款的规定，餐厨垃圾产生单位自行就地处置餐厨垃圾未报送备案的，处以1000元以上5000元以下罚款。

（二）违反本办法第十一条第一款的规定，餐厨垃圾产生单位不执行餐厨垃圾交付收运确认制度或者未建立相应的记录台账的，处以1000元以上5000元以下罚款；收运企业、处置企业不执行餐厨垃圾收运、处置交付确认制度或者未建立相应的记录台账的，处以5000元以上30000元以下罚款。

（三）违反本办法第十一条第二款的规定，收运企业、处置企业不按照要求如实报送餐厨垃圾来源、种类、数量、去向等资料的，处以5000元以上30000元以下罚款。

第三十二条　市容环卫行政主管部门和其他有关部门在餐厨垃圾监督管理工作中有下列行为之一的，由有权机关责令改正，对直接负责的主管人员和其他直接责任人员依法给予处分：

（一）不按照规定通过招标、特许经营等方式确定收运企业、处置企业的；

（二）不依法履行规定的监督管理职责，造成重大社会影响的；

（三）接到相关投诉、举报，未依法调查处理，造成严重后果的；

（四）有其他滥用职权、玩忽职守、徇私舞弊行为的。

第三十三条　本办法自2017年7月1日起施行。

广州市医疗废物管理若干规定

广州市人民政府令

第 110 号

《广州市医疗废物管理若干规定》已经 2014 年 10 月 20 日市政府第 14 届 137 次常务会议讨论通过，现予以公布，自 2015 年 1 月 1 日起施行。

广州市市长
2014 年 11 月 19 日

第一条 为进一步规范医疗废物收集、贮存、运送和处置行为，确保医疗废物集中无害化处置，加强本市医疗废物管理，根据国务院《医疗废物管理条例》等相关法规，制定本规定。

第二条 本市行政区域内的医疗废物管理适用本规定。

第三条 卫生行政主管部门负责对本市行政区域内医疗废物收集、贮存、运送、处置活动中的疾病防治工作实施统一监督管理。

环境保护行政主管部门负责对本市行政区域内的医疗废物收集、贮存、运送、处置活动中的环境污染防治工作实施统一监督管理。

交通、价格等有关行政主管部门，在各自职责范围内，负责与医疗废物处置有关的监督管理工作。

第四条 医疗卫生机构应当按照卫生部《医疗废物分类目录》的要求分类收集本单位产生的医疗废物，按照类别分置于防渗漏、防锐器穿透的专用包装物或者密闭的容器内。

未被病人血液、体液、排泄物污染的各种玻璃（一次性塑料）输液瓶（袋）不属于医疗废物，不按照医疗废物进行管理。医疗卫生机构应当配合医疗废物集中处置单位按照处置方式为导向的医疗废物分类方法进行收集和分类贮存，医疗废物集中处置单位发现医疗废物有混杂的，应当及时告知医疗卫生机构加强分类管理。

市卫生行政主管部门应当会同环境保护行政主管部门从再生资源回收处置企业中通过招投标的方式遴选两家企业，回收利用本市医疗卫生机构产生的未被病人血液、体液、排泄物污染的各种玻璃（一次性塑料）输液瓶（袋）。

医疗卫生机构应当将未被病人血液、体液、排泄物污染的各种玻璃（一次性塑料）输液瓶（袋）集中收集后交由本条第三款规定的再生资源回收处置企业回收利用。

第五条 医疗卫生机构和医疗废物集中处置单位应当设立医疗废物台账和重量计量设施，对医疗废物的来源、种类、重量、数量、交接时间、去向以及经办人等项目进行登记，并如实填写医疗废物转移联单、运送登记卡。登记资料至少保存3年。

医疗卫生机构下设科室的，产生医疗废物的科室和医疗废物暂时贮存点都应当设立医疗废物台账，医疗废物转出科室、转入和转出医疗废物暂时贮存点时都应当进行重量计量。

第六条 医疗卫生机构应当将产生的全部医疗废物交由医疗废物集中处置单位进行处置；医疗废物集中处置单位应当按照与

医疗卫生机构签订的协议收运、无害化处置医疗卫生机构产生的全部医疗废物。

当实际医疗废物产生重量、类别与医疗卫生机构预测的理论数量相差超过20%时，产生医疗废物的医疗卫生机构和集中处置单位应当对医疗废物数量进行核查和分析。

第七条 医疗卫生机构应当建立医疗废物的暂时贮存设施、设备，医疗废物暂时贮存的时间不得超过两日。

对距离医疗废物集中处置单位远、医疗废物日产生量少、无法保证每日收集、运送一次医疗废物的农村乡镇医疗机构，由所在区、县级市卫生行政主管部门指定该区域一家医疗机构作为暂时集中贮存点，医疗废物暂时集中贮存点应当便于收运车辆的停放；周边医疗点应当每隔一日将医疗废物用密封转运箱自行送往暂时集中贮存点，前后两次最长间隔时间不得超过48小时。

医疗废物集中处置单位应当每隔一日将集中贮存点的医疗废物及时收运，前后两次最长间隔时间不得超过48小时。

第八条 本市实行医疗废物联单管理。鼓励运用二维码、物联网等技术提高医疗废物联单管理的信息化水平。

医疗废物集中处置单位应当对收集、运送医疗废物的车辆配置轨迹监控设备，并将轨迹监控数据报送环境保护和卫生行政主管部门，以实现对医疗废物运输车辆进行卫星定位系统的轨迹监控。医疗废物集中处置单位的医疗废物收运车辆应当按照国家标准喷涂医疗废物警示标志。

医疗废物集中处置单位的医疗废物收运车辆与垃圾运输车辆享有相同的通行资格。

第九条 本市医疗废物处置收费采取重量计价的收费方式，

市价格行政管理部门应当建立医疗废物处置收费定期调价机制。

第十条 医疗废物集中处置单位应当于每月底前向市环境保护行政主管部门报送上一个月医疗废物产生和处置情况的月报表，并将医疗废物产生和处置情况的月报表抄报市卫生行政主管部门。

第十一条 环境保护行政主管部门应当加强对医疗废物集中处置单位医疗废物处置行为的监督检查，每季度的现场监督检查不少于一次。

卫生行政主管部门应当加强对医疗卫生机构医疗废物处置行为的不定期抽查和日常的监督检查，每年应当对全市所有医疗卫生机构的医疗废物处置行为进行至少一次的现场监督检查。

环境保护、卫生行政主管部门应当将医疗废物集中处置单位、医疗卫生机构对医疗废物的违法处置行为及时向社会公开。

第十二条 医疗卫生机构违反本规定第四条规定，未按要求分类收集医疗废物的，由卫生行政主管部门依据《医疗废物管理条例》第四十六条的规定予以责令限期改正，给予警告，可以并处5000元以下罚款；逾期不改正的，处5000元以上3万元以下罚款。

第十三条 医疗卫生机构违反本规定第五条规定，未设立医疗废物台账和重量计量设施等对医疗废物进行登记或者未保存登记资料的，由卫生行政主管部门根据《医疗废物管理条例》第四十五条的规定责令限期改正，给予警告；逾期不改正的，处以2000元以上5000元以下罚款。

医疗废物集中处置单位违反本规定第五条规定的，由环境保护行政主管部门按照前款规定予以处罚。

第十四条 医疗卫生机构违反本规定第七条第一款、第二款规定，在非贮存地点倾倒、堆放医疗废物或者将医疗废物混入其他废物和生活垃圾的,由卫生行政主管部门根据《医疗卫生机构医疗废物管理办法》第四十一条的规定责令限期改正,给予警告,并处5000元以上1万元以下的罚款;逾期不改正的,处1万元以上3万元以下的罚款;造成传染病传播的,由原发证部门暂扣或者吊销医疗卫生机构执业许可证件;构成犯罪的,依法追究刑事责任。

医疗废物集中处置单位违反本规定第六条和第七条第三款规定,未及时收集、运送医疗废物的,由环境保护行政主管部门责令限期改正,给予警告;逾期不改正的,处2000元以上5000元以下的罚款。

第十五条 违反本规定故意排放、倾倒、处置医疗废物或者明知他人无经营许可证或者超出经营许可范围而向其提供或者委托其收集、贮存、利用、处置医疗废物,造成严重环境污染构成犯罪的,依法追究其刑事责任。

第十六条 卫生行政主管部门、环境保护行政主管部门未按照本规定履行监督检查职责,发现医疗卫生机构和医疗废物集中处置单位的违法行为不及时处理,发生或者可能发生传染病传播、环境污染事故时未及时采取减少危害措施,以及有其他玩忽职守、失职、渎职行为的,由监察机关或者任免机关对主要负责人、负有责任的主管人员和其他直接责任人员依法给予降级、撤职、开除的行政处分;构成犯罪的,依法追究刑事责任。

第十七条 本市行政区域内动物诊疗机构的医疗废弃物管理参照本规定。

兽医主管部门负责对本市行政区域内动物诊疗医疗废物收集、贮存、运送、处置活动中的疾病防治工作实施统一监督管理。

第十八条 本规定自2015年1月1日起施行。

眉山市医疗废物集中处置管理办法

眉山市人民政府办公室关于印发
《眉山市医疗废物集中处置管理办法》的通知
眉府办发〔2017〕50号

各县（区）人民政府，市级各部门（单位）：

《眉山市医疗废物集中处置管理办法》已经市第四届政府17次常务会议审议通过，现印发你们，请认真组织实施。

眉山市人民政府办公室
2017年6月30日

第一章 总 则

第一条 为切实加强医疗废物管理，有效预防和控制医疗废物对人体健康和环境产生的危害，根据《中华人民共和国固体废物污染环境防治法》《中华人民共和国传染病防治法》《中华人民共和国职业病防治法》《医疗废物管理条例》等有关法律、法规，结合眉山实际，制定本办法。

第二条 本办法所称医疗废物，是指医疗卫生机构在医疗、预防、保健以及其他相关活动中产生的具有直接或者间接感染性、损伤性以及其他危害性的废物。

本办法所称集中处置的医疗废物是指前款规定的具有直接或

者间接感染性、损伤性的废物，包括医疗卫生机构收治的传染病病人或者疑似传染病病人产生的生活垃圾。

病理性、药物性、化学性废物以及医疗卫生机构废弃的麻醉、精神、放射性、毒性等药品及其相关的废物管理和处置，依照有关法律、行政法规和国家有关规定、标准执行。

第三条　本办法所称医疗废物集中处置单位，是指取得相应资质的医疗废物集中处置单位。未取得相应资质的单位不得从事医疗废物集中处置活动。

第四条　本办法适用于眉山市行政区域范围内医疗卫生机构和医疗废物集中处置单位从事医疗废物收集、贮存、运送和处置监督管理活动。

第五条　禁止任何单位和个人转让、买卖医疗废物。

第六条　市、县级人民政府负责组织建设医疗废物集中处置设施。

市、县（区）卫生计生行政主管部门负责对本行政区域内医疗卫生机构和医疗废物集中处置单位从事医疗废物收集、贮存、运送和处置中的疾病防治工作实施统一监督管理。

市、县（区）环境保护行政主管部门负责对本行政区域内医疗卫生机构和医疗废物集中处置单位从事医疗废物收集、贮存、运送和处置中的环境污染防治工作实施统一监督管理。

市、县（区）安全监管行政主管部门负责对本行政区域内医疗废物集中处置单位职业卫生工作进行综合监管。

市、县（区）城管执法、公安、交通运输、价格、工商等行政主管部门在各自的职责范围内负责与医疗废物集中处置有关的监督管理工作。

第二章 收集和贮存

第七条 医疗卫生机构应当根据《医疗废物分类目录》,对医疗废物进行分类收集和贮存。

医疗卫生机构收集和贮存医疗废物,应当遵守下列规定:

(一)对本单位医疗废物的产生地点和收集地点,必须设有分类收集的示意图或者文字说明;

(二)盛装医疗废物必须使用专用包装物和容器,按照医疗废物的类别,将医疗废物分别装入符合《医疗废物专用包装物、容器的标准和警示标识的规定》(HJ421—2008)要求的包装物或者容器内,装入医疗废物不得超过包装物和容器容量的3/4,包装物和容器的封口必须紧实、严密;

(三)盛装医疗废物的每个包装物和容器外表面,必须有警示标识并有中文标签,中文标签必须标明医疗卫生机构、产生日期和医疗废物类别及其他需要特别说明的事项等内容;

(四)确保医疗废物包装物和容器无破损、渗漏和其他缺陷,医疗废物包装物和容器的外表面被感染性废物污染时,必须对被污染的外表面进行消毒处理或者增加一层包装;

(五)对感染性废物、病理性废物、损伤性废物、药物性废物及化学性废物分别予以收集,不得混合;

(六)严禁生活垃圾混入医疗废物;

(七)对医疗废物中病原体的培养基、标本和菌种、毒种保存液等高危险废物,先在产生场所进行压力蒸汽灭菌或者化学消毒处理后,再按感染性废物收集;

(八)对传染病病人或者疑似传染病病人产生的医疗废物使用

双层包装物，并及时予以密封；

（九）必须由专人收集、贮存并有专人负责。

第八条 医疗卫生机构应当按照下列要求，分类贮存医疗废物：

（一）在院内建立固定的分散收集地点和暂时集中贮存地点，配置必须的贮存设施和设备；

（二）分散收集地点和暂时集中贮存地点与其他医疗和生活设施相隔离，贮存设施和设备远离医疗区、食品加工区、人员活动区和生活垃圾存放场所，并设置明显的警示标志和防渗漏、防鼠、防蚊蝇、防蟑螂、防盗以及预防儿童接触等安全措施；

（三）对贮存设施和设备每天进行一次消毒和清洁，医疗废物移交后立即对贮存地点、设施和设备进行消毒和清洁；

（四）医疗废物暂时贮存时间不得超过48小时；

（五）不得露天存放医疗废物。

第九条 各县（区）卫生计生行政主管部门可根据实际情况选择部分医疗卫生机构设立医疗废物临时集中贮存点，负责周边小型医疗卫生机构医疗废物的收集和暂存。各县（区）卫生计生行政主管部门结合辖区实际情况制定临时集中贮存点的具体管理规定。

第十条 感染性、损伤性、病理性、药物性和化学性废物装入包装物或者容器后，应当立即对包装物或者容器进行严密封口，防止医疗废物发生泄漏、流失。

第十一条 禁止下列行为：

（一）在分散收集地点和暂时集中贮存地点以外的其他地点倾倒或者堆放医疗废物；

（二）将医疗废物混入其他废物和生活垃圾；

（三）将未剪除的针头等锐器损伤性医疗废物装入包装物和容器内；

（四）有可能造成医疗废物流失、泄漏、扩散或者直接接触人体的其他行为。

第三章 移交和运送

第十二条 医疗卫生机构应当将医疗废物统一移交给医疗废物集中处置单位进行集中处置。

医疗废物集中处置单位应当根据医疗卫生机构的规模及其产生集中处置的医疗废物的数量，每1天或2天到医疗卫生机构接收1次。但对携带病原微生物、具有引发急性感染性疾病传播危险的感染性医疗废物应当在产生的当天进行移交和接收。

移交和接收集中处置的医疗废物的具体时间，由医疗卫生机构和医疗废物集中处置单位约定。

第十三条 医疗卫生机构移交和运送医疗废物，应当遵守下列规定：

（一）必须由专人负责，并按照规定的时间和路线进行；

（二）医疗废物产生地点每个工作班次内产生的医疗废物，必须在本班次内移交给分散收集地点；分散收集地点收集的医疗废物，必须在本工作日内运送至暂时集中贮存地点；

（三）包装物和容器及其标识、标签和封口必须符合规定要求；

（四）必须使用防渗漏、防遗撒、无锐利边角、易于装卸和清洁的专用运送工具，并采取有效措施，防止包装物破损和医疗废物的流失、泄漏或者扩散，防止医疗废物直接接触人体；

（五）当天运送工作结束后，必须对运送工具进行清洁和消毒；

（六）必须有移交和运送记录。

第十四条 医疗废物临时集中贮存点负责暂存的医疗废物移交工作。

第十五条 医疗废物集中处置单位的接收和运送人员在接收集中处置的医疗废物时，应当检查集中处置的医疗废物的包装物、容器和标识是否符合规定要求并盛装于周转箱内，但不得打开包装取出医疗废物；对不符合包装和标识要求或者未盛装于周转箱内的医疗废物，应当要求医疗卫生机构重新包装、标识并盛装于周转箱内；医疗卫生机构应当按照相关规定，立即采取有效措施，使包装、标识和盛装达到规定要求。

第十六条 医疗卫生机构与集中处置单位因集中处置的医疗废物的包装、标识和盛装发生争议时，应当首先采取有效措施保证医疗废物的安全，并及时报告卫生计生行政主管部门和环境保护行政主管部门；接到报告的卫生计生行政主管部门和环境保护行政主管部门应当及时作出处理决定。

第十七条 医疗卫生机构与医疗废物集中处置单位交接医疗废物过程中必须填写《危险废物转移联单》（医疗废物专用），标明种类、重量、数量、交接时间、地点及经办人等，各种登记资料保存期限为3年。医疗废物转移联单应于每月10日前报当地环境保护行政主管部门备案。每年1月31日前将申报登记和管理计划报当地环境保护行政主管部门备案。

第十八条 集中处置的医疗废物移交后，由医疗废物集中处置单位负责运送，运送应当使用符合《医疗废物转运车技术要求》的专用车辆，按照《道路危险货物运输管理规定》有关要求，专人专车按指定路线运送。

第四章 集中处置

第十九条 医疗废物集中处置单位应当在本单位的出入口和集中处置的医疗废物贮存、处置场所等处，设置符合卫生计生行政主管部门和环境保护行政主管部门规定要求的警示标志，并在划定的边界设置隔离围护设施，防止无关人员和动物进入。

第二十条 医疗废物集中处置单位应当按照下列规定，建立必须的设施、设备并采取相应措施，确保集中处置的医疗废物的安全处置和周边环境不被污染：

（一）建立污水集中消毒处理设施，对医疗废物运送车辆、周转箱、贮存场所、处置现场地面的冲洗污水先进行消毒处理后，再排入污水处理系统；

（二）对医疗废物贮存库房、清洗消毒间、高温蒸汽灭菌间采用全封闭和微负压设计，设置防渗漏和清洗、消毒设施；

（三）医疗废物贮存库房、清洗消毒间、高温蒸汽灭菌间设置空气流通专用管道；

（四）医疗废物暂时贮存库房设置污水收集装置。

第二十一条 医疗废物集中处置单位应当对运入的医疗废物立即进行集中处置；对不能立即处置的，应当立即贮存于医疗废物专用贮存库房中。

医疗废物在专用贮存库房中的贮存时间，常温下不得超过24小时，摄氏5℃以下不得超过72小时。

第二十二条　医疗废物集中处置单位要严格按照职业病防治法要求，重点开展以下工作：

（一）开展建设项目职业卫生"三同时"工作；

（二）定期对工作场所进行职业病危害因素检测、评价；

（三）定期对从事接触职业病危害作业的劳动者进行职业健康检查；

（四）为劳动者配备合格的劳动防护用品并督促检查劳动者佩戴使用情况；

（五）及时、如实向所在地安全监管部门申报职业危害项目，在醒目位置设置公告栏，公布有关职业病防治的规章制度、操作规程、职业病危害事故应急救援措施和工作场所职业病危害因素检测结果；

（六）配置现场急救用品、冲洗设备和应急撤离通道等。

第二十三条　医疗废物集中处置单位应委托疾病预防控制中心对高温蒸气处理设备处理效果（灭菌效果）每年进行两次检测，评价结果向辖区卫生计生、环境保护行政主管部门报告。

第二十四条　医疗废物集中处置单位应当加强医疗废物贮存和处置设施、设备的维护、更新，保持设施、设备的正常运行。

第二十五条　医疗废物集中处置单位应当制定与医疗废物集中处置有关的规章制度和发生意外事故时的应急处置方案，与临近医疗废物集中处置单位签订应急处置委托协议，并将应急处置方案和委托协议副本报环境保护、城管执法、卫生计生行政主管部门备案。

因故要临时停止集中处置设施正常运转的，应报经环境保护行政主管部门同意。情况紧急的，可先自行采取应急处置措施后及时向环境保护行政主管部门报告；影响医疗废物正常处置的，应在法定处置期限内将医疗废物转移到受委托的医疗废物集中处置单位处置。

第二十六条 医疗卫生机构委托医疗废物集中处置单位集中处置医疗废物，应于每年1月底前签订医疗废物委托处置协议，明确双方权利、义务及责任，并按时足额缴纳医疗废物集中处置费用。医疗废物集中处置单位在委托处置协议签订后10日内，应将协议副本报当地环境保护、卫生计生行政主管部门备案。

第二十七条 医疗卫生机构和医疗废物集中处置单位应当填报医疗废物产生和处置的年报表，并于每年1月31日前向当地环境保护、城管执法、卫生计生行政主管部门报送上一年度的产生和处置情况年报表。

第二十八条 医疗废物集中处置单位医疗废物委托处置收费按照市发展改革委、市环境保护局、市卫生局、市住房城乡建设局联合印发的《关于贯彻落实〈四川省危险废物委托处置收费指导意见〉的通知》（眉市发改价费〔2013〕504号）规定的标准执行。

第五章 监督管理

第二十九条 卫生计生、环境保护、安全监管等行政主管部门应当依照本规定，按照职责分工，定期或不定期对医疗废物的收集、贮存、运送和处置等活动进行监督检查。发现违法行为的，依照有关规定进行处罚，需移送公安部门的要及时移送。同时，应当与城管执法、交通运输、价格、工商等相关部门建立联席会议制度和互相告知制度，及时研究解决有关重大问题，协作配合有关重大执法活动，互相通报和告知重大行政处罚决定等有关事项。

第三十条 医疗卫生机构和医疗废物集中处置单位，对有关行政主管部门的依法检查、抽查、调查和取证等工作应当予以配合，不得拒绝和阻碍，不得提供虚假材料。

第六章 附 则

第三十一条 本市区域内计划生育技术服务、医学科研、教学、尸体检查和其他相关活动中产生的具有直接或者间接感染性、损伤性废物的管理，参照本办法执行。

第三十二条 本办法由市卫生计生委会同市环境保护局、市安监局等部门负责解释。

第三十三条 本办法自印发之日起施行，有效期5年，有效期届满后自动失效，不得作为适用依据。

垃圾强制分类制度

垃圾强制分类制度方案（征求意见稿）

国家发展改革委办公厅、住房城乡建设部办公厅关于征求对《垃圾强制分类制度方案（征求意见稿）》意见的函

发改办环资〔2016〕1467号

中央财经领导小组办公室，教育部、科技部、工业和信息化部、财政部、国土资源部、环境保护部、农业部、商务部、卫生计生委、税务总局、质检总局、旅游局、全国爱卫会办公厅（室），各省、自治区、直辖市及计划单列市、省会城市人民政府办公厅：

根据《中共中央国务院关于加快推进生态文明建设的意见》和《生态文明体制改革总体方案》的要求，国家发展改革委会同住房和城乡建设部组织起草了《垃圾强制分类制度方案（征求意见稿）》。现印送你们，请

结合工作研提意见，并将书面意见于6月30日前反馈国家发展改革委（环资司）和住房和城乡建设部（城建司）。请相关省、自治区同时征求确定为第一批生活垃圾分类示范城市（区）人民政府的意见，并将意见一并反馈。

发展改革委资源节约和环境保护司联系人：陈程

电话：（010）68505571　传真：（010）68505594

住房城乡建设部城市建设司联系人：李海莹

电话：（010）58934756　传真：（010）58933434

附件：《垃圾强制分类制度方案（征求意见稿）》

国家发展改革委办公厅

住房和城乡建设部办公厅

2016年6月15日

附件：

垃圾强制分类制度方案（征求意见稿）

随着人民生活水平的提高和城镇化发展进程的加快，我国城镇生活垃圾产生量增长迅速，许多地区饱受"垃圾围城"困扰，环境隐患日益突出，已经成为新型城镇化发展的制约因素。实施垃圾强制分类制度，不仅可以有效减少垃圾的清运量和最终处理量，减轻末端处理压力，而且能够有效回收利用垃圾中的重要资源,促进资源节约型、环境友好型社会建设,同时,更有利于培养全社会资源环境意识,不断提升中华民族整体文明素质。根据《中共中央国务院关于加快推进生态文明建设的意见》和《生态文明体制改革总体方案》要求,现提出以下城镇生活垃圾强制分类制度方案。

一、明确垃圾分类的总体要求和目标任务

(一)指导思想

全面贯彻党的十八大和十八届三中、四中、五中全会精神,牢固树立创新、协调、绿色、开放、共享的发展理念,按照生态文明建设和新型城镇化发展的总体部署,把生活垃圾强制分类作为推进绿色发展和创新城市管理的一项重要举措,遵循"减量化、资源化、无害化"原则,建立健全政府主导、部门协同、市场运作、公众参与的工作机制,建设生活垃圾分类投放、分类收运和分类处理设施,推进城镇环卫系统与再生资源回收利用体系的有效衔接与融合,完善激励和约束政策,强化宣传教育,不断提高城镇生活垃圾分类水平,为建设美丽中国打下坚实基础。

(二)基本原则

1. 鼓励为主,强制为辅。生活垃圾分类涉及千家万户,直接关系群众利益和社会稳定,对城镇居民个人应以鼓励为主,引导居民积极参与并逐步形成主动分类的生活习惯。对城镇范围内责任主体明确的公共机构和企业,应强制其进行垃圾分类。

2. 因地制宜,循序渐进。我国各地区气候特征、发展水平、生活习惯不同,导致垃圾成分差异显著,应结合各地实际,合理划定垃圾分类范畴、品种、要求、方法、收运方式,统一规划、分类施策,先易后难、稳步推进。

3. 创新发展，完善机制。引入市场机制，提高垃圾分类效率水平。加强技术创新，利用信息化手段促进垃圾收运系统平台与线下物流实体相结合。建立健全垃圾分类法律法规标准，完善有利于垃圾分类的激励和约束政策。

4. 协同推进，有效衔接。构建与垃圾分类配套的收运体系，推动垃圾收运系统与再生资源回收系统有效衔接，建立健全非工业源有毒有害垃圾收运处置系统。建设和完善物流中转设施和垃圾终端处置设施，形成统一完整、协同高效的垃圾分类收集、运输、资源化利用和终端处置的全过程管理系统。

（三）主要目标

到 2020 年底，重点城市生活垃圾得到有效分类，垃圾分类的法律法规和标准制度体系基本建立，生活垃圾减量化、无害化、资源化和产业化体系基本形成，初步形成可复制、可推广、公众基本接受的生活垃圾强制分类典型模式。实施生活垃圾强制分类的重点城市，生活垃圾分类收集覆盖率达到 90% 以上，生活垃圾回收利用率达到 35% 以上（含再生资源回收、分类收集并实施资源化利用的厨余等易腐有机垃圾）。

到 2030 年，生活垃圾分类得到全社会的普遍认可和积极参与，差异化的垃圾分类模式在全国所有城镇得到推广，农村生活垃圾分类水平明显提高。

二、合理划定实施范围和强制对象

（一）实施垃圾强制分类的范围

2020 年底前，在以下城市的城区范围内先行实施垃圾强制分类。

1. 直辖市、省会城市和计划单列市。

2. 列入住房城乡建设部会同有关部门确定的第一批生活垃圾分类示范城市（区）名单（建办城〔2015〕19号）中的其他城市，包括：河北省邯郸市、江苏省苏州市、安徽省铜陵市、江西省宜春市、山东省泰安市、湖北省宜昌市、四川省广元市、四川省德阳市、西藏自治区日喀则市、陕西省咸阳市。

（二）强制对象

对上述实施垃圾强制分类范围内产生生活垃圾的以下主体，应实施生活垃圾强制分类。

1. 公共机构。主要包括党政机关，学校、医院、科研、文化出版、广播电视等事业单位；协会、学会、联合会等社会团体组织；车站、机场、公共体育场馆、文艺演出场馆等公共场所管理单位。

2. 相关企业。主要包括宾馆、饭店、商场、农贸市场、农产品批发市场、商用写字楼管理企业以及快递企业、食品加工企业等。

（三）其他规定

1. 鼓励各省、自治区、直辖市结合本地实际，选择本地区卫生城市、园林城市、环保模范城市、优秀旅游城市等开展垃圾强制分类工作。

2. 鼓励各地结合实际制定地方性法规，对城市居民（个人、家庭）实施垃圾分类提出明确要求。

3. 本方案仅针对城市生活垃圾，其他大件垃圾、建筑垃圾等仍按原有规定进行处理。

三、加快制定垃圾强制分类办法

实施垃圾强制分类的城市要结合本地实际情况，于2017年底前制定出台针对强制对象的垃圾强制分类办法，细化垃圾分类类别、品种、投放、收运要求以及各项活动的责任主体。垃圾强制分类办法中应规定强制对象必须将有害垃圾作为强制分类的类别；同时，根据强制对象的具体情况，可在易腐垃圾、可回收物、特殊行业废弃物等几种分类中，再选择并规定至少1类进行强制分类。分类后剩余的其他垃圾仍按现行环卫垃圾收运体系进行处理。

（一）有害垃圾品种

1. 主要品种。包括：废旧电池（含镍氢、镍镉电池、充电电池、纽扣电池、蓄电池等）、含汞荧光灯管（日光灯管、节能灯等）、废旧含汞物品（温度计、血压计等）、过期药品、油漆、农药废物、涂料杀虫剂罐、X光片等感光胶片等。

2. 投放及暂存。强制对象应按照方便、快捷、安全的原则，设立专门的场所或容器对各品种进行分类投放、收集、暂存，并在醒目位置设置有害垃圾标志。列入危险废物管理名录中的品种，应按照有关危险废物贮存污染控制标准的要求设置临时贮存场所。

3. 收运及处置。强制对象可根据产生有害垃圾的品种、数量，合理确定或约定收运频率。涉及危险废物运输、处理的，应符合国家有关规定。鼓励龙头骨干企业，实施垃圾分类、收集、运输和处理处置全过程统筹。

（二）易腐垃圾

1. 主要品种。包括：公共机构、相关企业的食堂、餐厅以及饭店等餐饮企业产生的餐厨垃圾；食品加工企业产生的废料、有机废弃物、废食用油脂；商场、超市、食品店等产生的过期食品、残废食品；农贸市场、农产品批发市场产生的蔬菜瓜果垃圾、腐肉、肉碎骨、蛋壳、畜禽产品内脏、壳毛等。

2. 投放及暂存。易腐垃圾应设置专门容器单独投放，加强对不利于后续处理杂质的控制。除农贸市场、农产品批发市场可设置敞开式容器外，易腐垃圾原则上应采用密闭容器存放。餐厨垃圾可由专人收拾，避免废餐具、塑料、饮料瓶罐、废纸等混入，并做到日产日清。除农贸市场、农产品批发市场外，其他产生易腐垃圾的强制对象要建立台帐制度，详细记录废弃物的种类、数量（重量或体积）、去向等情况。

3. 收运及处置。易腐垃圾应采用密闭性好的专门车辆运输，送餐厨垃圾处理单位进行处理。运输过程中不得泄露和遗撒，防止臭气排放。其中，餐厨垃圾由相关部门统一对运输、处理全过程进行有效监控。易腐垃圾运输、处理单位须取得政府许可。

（三）可回收物

1. 主要品种。包括：废纸（废纸箱、废报纸、废杂志、信封、打印纸、广告单等），废塑料（食品瓶罐、饮料瓶、塑料碗盆等），废金属（易拉罐、废铁、废钢、废铜、废铝等），废包装物（包装袋、编织袋、胶带、泡沫塑料等）。

2. 投放及暂存。强制对象应根据废物产生数量，设置容器或临时存储空间，单独分类、定点投放，必要时可设专人进行分拣打包。

3. 收运及处置。强制对象可自行运送，也可采取电话、网络预约的方式由再生资源回收企业上门收集，进行资源化处理。

（四）特殊行业废弃物

1. 主要品种。重点针对近年来发展迅速的快递行业产生的大量废包装物，包括：废塑料（胶带、填充物、塑料袋等）、编织袋、废纸、废纸板箱等。

2. 收运及处置。快递企业在送件的同时，应告知收件人可免费带走回收废包装物，也可根据收件人意愿，由快递业务人员将废包装物收回，重复利用或单独分类收集。可由快递企业自行送到区域内的资源回收站点，也可采用电话或网络预约方式，由再生资源回收企业上门回收。

四、鼓励引导城镇居民自觉开展垃圾分类

实施垃圾强制分类的城市可参照垃圾强制分类办法，制定城镇居民生活垃圾分类指南，引导居民自觉、科学地开展垃圾分类。

（一）有害垃圾单独投放

居民社区应通过设立宣传栏、垃圾分类督导员等方式，指导、劝说居民将有害垃圾单独投放。针对居民产生的有害垃圾数量小、投放频次低的特点，可在居民小区设立固定回收点或设置专门容器分类收集有害垃圾，独立储存，由居民自行定时投放，物业单位负责管理，并委托有资质的单位定时上门集中收运。

（二）日常生活垃圾分类投放

重点对居民日常生活垃圾中可回收利用的资源进行分类。可根据本地垃圾处理设施建设实际情况，采取灵活多样、简便易行的分类方法。可由居民将自家产生的"湿垃圾"即厨余垃圾滤出水分后，与厨余以外的"干垃圾"分类收集、分类投放。居民区可设置专门设施对"湿垃圾"实现就地处理，或由环卫部门、专业企业采用专用车辆运至餐厨（厨余）垃圾处理厂，日产日清。也可将"干垃圾"再分为可回收垃圾和其他垃圾。可回收垃圾主要包括废纸、废塑料、废金属、废玻璃等有价废弃物，可由专人进行再次分类，或由再生资源回收企业进行收运和处置。有条件的居民社区可对可回收垃圾进一步细分。此外，鼓励居民自行联系再生资源回收企业回收废弃电子电器产品等。

（三）建立有利于居民垃圾分类的鼓励机制和收运方式

鼓励地方政府与再生资源回收利用企业、环保公益机构等合作，建立针对居民的垃圾分类奖励机制，通过建立居民"绿色账户"、"环保档案"等方式，对能够正确分类并投放垃圾的居民给予一定数额的积分奖励，积分可兑换包括个人（集体）荣誉、社会公益服务、商业优惠服务或一定数量的实物奖励。有条件的地区，可积极探索在居民区内取消固定垃圾桶，采取定时定点分类收运方式，逐步培养居民分类投放垃圾的习惯。

五、加快建立有效衔接的垃圾分类收运回收处理系统

垃圾分类是一项系统工程。实施垃圾强制分类的城市要统筹规划，协同推进，加快相关设施建设，确保与分类转运、回收、利用、处置衔接匹配。

（一）建立与分类品种配套的收运体系

推进城市现有生活垃圾收、转、运系统升级改造步伐。按照本地垃圾分类办法，加快配套标识清晰的分类收集容器。改造城区内的垃圾房、转运站、压缩站等，使之满足生活垃圾分类要求。实施老旧垃圾运输车辆更新换代，配备满足垃圾产量需求、密封性好、标识明显、节能环保的专用收运车辆。鼓励采用"车载桶装"等多种收运方式，避免垃圾分类投放后重新混合收运。

（二）建立与资源利用衔接的回收体系

按照方便快捷、规范有序原则，健全再生资源回收利用网络，合理布局布点，提高建设标准，清理取缔违法占道、私搭乱建、环境卫生不符合要求的违规站点。推进垃圾收运系统与再生资源回收系统的衔接，建设兼具垃圾分类与再生资源回收功能的交投

点和相互衔接的物流体系。鼓励相关企业进社区、进企业，设置专门回收设施，派驻人员指导投放和分类。建立再生资源回收利用信息化平台，提供回收网点位置、回收种类、当日价格、预约电话等信息。

（三）建立与分类衔接的垃圾终端处理设施

加快危险废物处理设施建设，建立健全非工业源有毒有害垃圾收运处理系统，确保分类后的有害垃圾得到安全处置。已开展餐厨垃圾处理试点的城市，要在稳定运营的基础上推动区域全覆盖。鼓励利用易腐垃圾生产工业油脂、生物柴油、饲料添加剂、土壤调理剂、沼气等，或与秸秆、粪便、污泥等联合处置。尚未建成餐厨（厨余）垃圾处理设施的城市，对居民暂不宜将厨余"湿垃圾"单独分类。加快培育大型资源循环利用龙头企业，推动再生资源规范化、专业化、清洁化处理和高值化利用。鼓励回收企业按照市场需求，将再生资源送钢铁、有色、造纸、塑料加工企业利用。

（四）探索建立垃圾协同处置利用基地

在条件许可的前提下，应统筹规划建设垃圾终端处理利用设施，积极探索建立集垃圾焚烧、餐厨垃圾资源化利用、再生资源回收利用、垃圾填埋于一体的城市垃圾协同处置利用基地。实行基地内消防、安全、环保等基础设施的共建共享，清洁化、集约化、集成化、高效化配置相关设施，实现垃圾处理、资源利用、废物处置的无缝高效衔接，降低"邻避"效应和社会稳定风险，提高土地资源节约集约利用水平。

六、强化组织领导和措施保障

要充分认识开展生活垃圾分类的长期性、复杂性、艰巨性，健全领导体制和工作机制，勇于探索和创新，积极稳妥地加以推进。

（一）加强组织领导

实施垃圾强制分类城市的人民政府是实施本方案的主体，要于2017年底前制定并公布垃圾分类工作方案，逐年确定重点任务和年度目标。要建立以市政府主要负责同志为组长，住房城乡建设（市容环境卫生）、发展改革、商务、环境保护、宣传、教育等有关部门参加的领导小组，加强对垃圾分类工作的组织领导，协调解决工作推进中遇到的重大问题。要细化工作措施，将任务逐级分解到区、街道和社区。省级政府、国务院有关部门要加强对垃圾分类的指导。住房城乡建设部、发展改革委、财政部、环境保护部、商务部要认真梳理总结生活垃圾强制分类城市的好经验好做法，并加以推广。

（二）加快法律法制标准体系建设

加快修订《固体废物污染防治法》、《城市市容卫生管理条例》等法律法规，明确垃圾强制分类的法律要求，依法推进垃圾强制分类。完善生活垃圾分类相关标准，细化垃圾类别，明确标识标志。鼓励相关城市先行出台地方性垃圾分类的法规，规定垃圾强制分类的奖励和处罚措施，发布生活垃圾分类指导目录、印制图例图示，方便公众掌握各类标识、容器、分类方法、清洗要求、摆放位置等要求。

（三）实施有效的经济政策

按照"污染者付费"原则，完善垃圾处理收费制度，探索按垃圾产生量、指定垃圾袋等计量化、差别化收费方式促进分类减量。加大中央财政资金投入，采取投资奖励、补助、贷款贴息等多种方式,支持实施垃圾分类的城市建设垃圾收运、垃圾处理等项目。中央财政循环经济专项资金今后不再支持未实施垃圾分类城市的餐厨垃圾资源化利用项目。严格落实国家对资源综合利用企业、再生资源回收利用企业以及资源综合利用产品减免税的优惠政策,修改完善资源综合利用企业增值税优惠目录。按照市场化原则,建立完善向再生资源投放者适当付费的机制。研究建立财政补偿调整机制,当原材料市场价格偏低对再生资源产品造成较大影响时,在分析测算企业成本基础上,对再生资源回收利用企业进行合理补偿。强化生产者责任延伸制,研究设立垃圾分类回收处理基金。地方财政应设立专项资金,在垃圾分类收运处理系统的建设运行经费不足时予以兜底,确保实施强制分类的各类垃圾得到有效处理。

(四) 推动体制机制创新

加快推进市容环卫系统企业化改革步伐,鼓励社会资本参与垃圾分类收集、分类运输和分类处理。积极探索特许经营、承包经营、租赁经营等多种运营方式,通过公开招标引入专业化服务公司,承担垃圾分类收集、分类运输和分类处理服务,提高服务质量。加快城市智慧环卫系统研发和建设,推广"互联网+"等回收模式,促进垃圾收运系统平台与线下物流实体的结合。鼓励生产者、销售商、维修机构、售后服务机构开展废弃电子电器产品等回收业务。逐步将垃圾分类强制对象纳入环境信用体系。推动建设一批以企业为主导的垃圾资源化产业技术创新战略联盟及技术研发基地,提升垃圾分类回收和处理水平。

(五) 强化监督和目标任务考核

实施垃圾分类的城市要对强制对象垃圾分类情况进行严格监

督，对不按要求进行分类的，应依法予以处罚。城市人民政府每年对区、街道、社区垃圾分类实施情况进行考核，考核结果向社会公布，并采取适当的奖惩措施鼓励先进，鞭策后进。在开展创建卫生城市、环保模范城市、园林城市和优秀旅游城市等工作时，把垃圾分类情况纳入考核指标。2020年底前，实施垃圾强制分类的城市，应将垃圾强制分类实施情况上报国务院并向社会公布。

（六）广泛动员社会参与

树立"垃圾分类，人人有责"的行为准则。积极开展多种形式的宣传教育，普及垃圾分类的科学知识，引导公众从自身做起、从点滴做起。强化国民教育，从娃娃抓起，着力提高中小学生的资源环境意识，发挥"小手拉大手"作用，常抓不懈。加快建设垃圾博物馆、垃圾资源化教育示范基地，使广大公众能够亲身体会到实施垃圾分类对社会和环境的益处。开展垃圾分类收集专业知识和技能的培训，指导和规范生活垃圾分类工作。建立垃圾分类督导员及志愿者队伍，指导和监督公众分类投放。充分发挥新闻媒体、民间组织和志愿者作用，报道垃圾分类先进典型，形成良好工作氛围。

厦门经济特区生活垃圾分类管理办法

厦门市第十五届人民代表大会常务委员会公告

第 2 号

《厦门经济特区生活垃圾分类管理办法》已于 2017 年 8 月 25 日经厦门市第十五届人民代表大会常务委员会第六次会议通过,现予公布,自 2017 年 9 月 10 日起施行。

厦门市人民代表大会常务委员会
2017 年 8 月 28 日

第一章 总 则

第一条 为了加强生活垃圾分类管理,提升生活垃圾减量化、资源化、无害化水平,改善生活环境,遵循有关法律、行政法规的基本原则,结合厦门经济特区实际,制定本办法。

第二条 本办法所称生活垃圾,是指单位和个人在日常生活中或者为日常生活提供服务的活动中产生的固体废弃物,以及法律、行政法规规定视为生活垃圾的固体废弃物。

第三条 生活垃圾分类管理遵循政府推动、全民参与、城乡统筹、因地制宜的原则。

第四条 市、区人民政府应当把生活垃圾分类工作纳入本级国民经济和社会发展计划,制定生活垃圾分类管理措施,建立生活垃圾分类工作协调机制，保障生活垃圾分类管理的人员配置、设施建设运营的资金投入，落实生活垃圾分类管理目标。

市、区人民政府应当促进生活垃圾收集、运输、处理的产业化发展，建立和完善生活垃圾污染环境防治社会服务体系，提高生活垃圾利用率和无害化处理率。

第五条 市市容环境卫生行政管理部门是本市生活垃圾分类管理的主管部门（以下简称市主管部门），负责组织编制生活垃圾分类管理专项规划以及处理设施建设专项规划，拟定生活垃圾分类标准和管理目标，以及对生活垃圾分类工作的指导、考核和监督。

区市容环境卫生行政管理部门（以下简称区主管部门）负责本辖区内生活垃圾分类工作的指导、培训、考核和监督。

市、区生活垃圾分类管理机构负责生活垃圾分类的具体工作。

第六条 商务行政管理部门负责对可回收物的回收和综合利用进行监督管理。

环境保护行政管理部门负责对有害垃圾的运输、处理等进行监督管理。

建设行政管理部门负责对物业服务企业实施生活垃圾分类的情况进行监督管理，指导农村生活垃圾分类工作。

规划行政管理部门负责将建设工程配套生活垃圾分类设施建设规范中的有关内容纳入建设项目公共服务设施配套的规划设置要求。

教育行政管理部门负责将生活垃圾分类相关知识纳入本市中学、小学、幼儿园以及其他教育机构环境教育内容，普及生活垃圾分类知识，培养生活垃圾分类习惯。

交通运输、港口、旅游、文化广电新闻出版等行政管理部门负责督促相关单位在其服务和管理的范围内做好生活垃圾分类的宣传和督导工作。

其他部门按照各自职责和本办法的规定，做好生活垃圾分类的相关工作。

第七条　街道办事处（镇人民政府）在区主管部门和相关部门的指导下，负责组织本辖区内生活垃圾分类工作。

居（村）民委员会应当做好生活垃圾分类宣传、指导工作，协助组织辖区内的单位和个人参与生活垃圾分类工作。

业主委员会、物业服务企业应当在所在小区开展生活垃圾分类宣传工作，动员小区居民分类投放生活垃圾，督促小区保洁人员做好生活垃圾分类收集工作。

第八条　单位和个人应当遵守生活垃圾分类与减量的规定，减少生活垃圾产生，分类投放生活垃圾，履行生活垃圾产生者的责任。

第九条　鼓励和支持生活垃圾处理科技创新，促进生活垃圾处理先进技术、工艺的研究开发和转化应用，提高生活垃圾处理的科技水平。

第二章　分类投放

第十条　本市生活垃圾分为可回收物、厨余垃圾、有害垃圾、其他垃圾，具体按照以下标准分类：

（一）可回收物，是指废弃的纸张、塑料、金属、纺织物、电器电子产品、玻璃等可资源化利用的物质；

（二）厨余垃圾，是指废弃的剩菜、剩饭、蛋壳、瓜果皮核、茶渣、骨头等在日常生活中产生的易腐性垃圾；

（三）有害垃圾，是指废弃的充电电池、扣式电池、荧光灯管（日光灯管、节能灯等）、温度计、血压计、药品、杀虫剂、胶片及相纸等生活垃圾中对人体健康或者自然环境造成直接或者潜在危害的物质；

（四）其他垃圾，是指除可回收物、厨余垃圾和有害垃圾之外的生活垃圾。

市主管部门可以根据生活垃圾管理实际，提出生活垃圾分类标准调整方案，经市人民政府批准后实施，并向社会公布。

市主管部门应当会同商务、环境保护等行政管理部门制定生活垃圾的具体分类目录并向社会公布，编制生活垃圾分类投放指南，指导生活垃圾分类投放。

第十一条　单位和个人应当按照规定的时间、地点，用符合要求的垃圾袋或者容器分类投放生活垃圾，不得随意抛弃、倾倒、堆放生活垃圾。

生活垃圾分类投放应当符合以下规定：

（一）可回收物投放至可回收物收集容器；

（二）厨余垃圾滤出水分后投放至厨余垃圾收集容器，不得混入贝壳类、木竹类、废餐具等不利于后期处理的杂质；

（三）有害垃圾投放至有害垃圾收集容器或者交给有资质的有害垃圾处理企业；

（四）其他垃圾投放至其他垃圾收集容器。

体积大、整体性强或者需要拆分再处理的家具、家电等大件垃圾，应当预约或者委托物业服务企业预约再生资源回收经营者或者环境卫生作业服务单位上门收集搬运。再生资源回收经营者或者环境卫生作业服务单位应当按照规定公布预约电话和收费标准。

第十二条 实行生活垃圾分类投放管理责任人（以下简称管理责任人）制度。

实行物业管理的区域，物业服务企业为管理责任人。物业服务合同对管理责任人的责任归属有约定的，从其约定。

未实行物业管理的区域，管理责任人按照下列规定确定：

（一）机关、团体、学校、企事业单位以及其他组织自行管理的办公或者生产经营场所，本单位为管理责任人；

（二）业主自行管理物业的住宅区，业主或者业主委员会为管理责任人；

（三）住宿、娱乐、商场、商铺、集贸市场、展览展销等经营场所，经营管理单位为管理责任人；

（四）机场、火车站、长途客运站、公交场站、地铁站、港口码头、文化体育场所、公园、旅游景（区）点等公共场所，管理单位为管理责任人；

（五）建设工程施工现场，施工单位为管理责任人；

（六）城市道路、公路、人行天桥、地下通道等，清扫保洁单位为管理责任人。

按照第二款、第三款规定不能确定管理责任人的，由所在地街道办事处（镇人民政府）负责确定管理责任人。

业主、业主委员会与物业服务企业签订物业服务合同时，应当约定生活垃圾分类投放的要求。实行清扫保洁卫生外包的物业管理单位，应当将生活垃圾分类投放要求纳入清扫保洁服务合同，并监督实施。

第十三条 管理责任人应当遵守下列规定：

（一）按照本办法规定设置生活垃圾分类收集容器或者垃圾分类收集点，并保持生活垃圾分类收集容器齐全、完好、整洁；

（二）明确不同种类生活垃圾的投放时间、地点；

（三）对生活垃圾分类投放工作进行宣传、指导，对不符合分类投放要求的行为予以劝告、制止；

（四）及时制止翻拣、混合已分类投放的生活垃圾的行为；

（五）将分类投放的生活垃圾分类收集到垃圾收集点、清洁楼或者交由有资质的单位收集；

（六）指导、督促保洁人员按照生活垃圾分类标准进行分类工作，处理保洁人员反映的有关问题；

（七）按照规定及时报送生活垃圾分类投放的相关数据。

街道办事处（镇人民政府）根据需要与管理责任人签订责任书。

旅行社在本市组织、接待旅游者游览的，应当履行第一款第三项职责。

第十四条 机关、事业单位、社团组织、公共场所管理单位等公共机构以及学校、国有企业，应当在生活垃圾分类工作中起示范带头作用。

公共机构以及学校、国有企业应当落实生活垃圾分类工作的主体责任，完善本单位生活垃圾分类制度，明确内部管理岗位和职责，建立垃圾分类督导员以及志愿者队伍，督促其所在区域内的物业服务企业落实管理责任人职责。

第十五条 管理责任人发现生活垃圾投放不符合分类标准的，应当要求投放人按照规定重新分拣后再行投放；投放人不重新分拣的，管理责任人应当报告城市管理行政执法部门，并同时告知主管部门。

生活垃圾收集、运输单位发现收集、运输的责任区域交付的生活垃圾不符合分类标准的，应当及时告知该区域管理责任人，要求其按照规定重新分拣；管理责任人不重新分拣的，生活垃圾收集、运输单位应当报告城市管理行政执法部门，并同时告知主管部门。

生活垃圾处理单位在接收生活垃圾收集、运输单位交付的生活垃圾时，发现不符合分类标准的，应当要求生活垃圾收集、运输单位按照规定重新分拣；生活垃圾收集、运输单位不重新分拣的，生活垃圾处理单位应当报告城市管理行政执法部门，并同时告知主管部门。

对公共机构以及企业生活垃圾投放不符合分类标准的，生活垃圾收集、运输单位可以拒绝接收。

第十六条 园林绿化养护过程中产生的枝条、树叶、枯树等垃圾，应当进行资源化利用，不得混入生活垃圾投放。

医疗垃圾、建筑垃圾等不得混入生活垃圾投放。

第三章 分类收集、运输与处理

第十七条 市主管部门应当会同相关部门制定本市生活垃圾分类收集容器设置规范，并向社会公布。

前款规定的设置规范应当包括收集容器的类别、规格、标志色、标识以及设置要求等内容。

第十八条 住宅区，以及单位的办公和生产经营场所应当设置可回收物、厨余垃圾、有害垃圾、其他垃圾四类收集容器。

其他公共场所应当设置可回收物、其他垃圾两类收集容器，但厨余垃圾产生量较多的公共场所，应当增加设置厨余垃圾收集容器。

住宅区应当设置有害垃圾固定回收点或者专门容器分类收集，独立储存。

第十九条 生活垃圾应当分类收集，禁止将已分类投放的生活垃圾混合收集。

可回收物和有害垃圾应当按照相关规定和要求定期收集。厨余垃圾和其他垃圾应当在分类投放后及时收集转运，日产日清。

第二十条 从事生活垃圾分类收集的单位应当遵守下列规定：

（一）按照生活垃圾收集量、分类方法、作业时间等，配备收集设备以及符合要求的人员；

（二）按时分类收集生活垃圾至规定场所，不得混装混运、随意倾倒、丢弃、遗撒、堆放；

（三）收集车辆保持密闭、完好和整洁；

（四）清理作业场地，保持生活垃圾收集设施和周边环境干净整洁；

（五）建立管理台账，记录生活垃圾来源、种类、数量、去向等，并向区生活垃圾分类管理机构报告；

（六）国家、省和本市有关生活垃圾分类管理的其他规定。

第二十一条 分类收集的生活垃圾应当分类运输，禁止将已分类收集的生活垃圾混合运输。公安机关交通管理部门应当指导生活垃圾分类运输工作，支持生活垃圾分类运输安全、高效、有序进行。

可回收物依法由运输单位或者再生资源回收单位运输。

厨余垃圾和其他垃圾按照市、区主管部门指定的时间、路线和要求，运输至规定场所。

有害垃圾按照相关法律、法规的规定和要求，运输至环境保护行政管理部门指定的贮存点。

第二十二条　从事生活垃圾分类运输的单位应当遵守下列规定：

（一）经过转运站转运的生活垃圾，应当密闭存放、及时转运，存放时间最长不超过二十四小时；

（二）制定生活垃圾分类运输应急预案，报区主管部门备案；

（三）按照要求设置车载在线监测系统，并将信息传输至生活垃圾分类管理信息系统。

第二十三条　生活垃圾应当按照有关规定和技术标准分类处理。

可回收物应当进行分拣，由再生资源利用企业进行利用处理，促进再生产品直接进入商品流通领域。

厨余垃圾应当通过生物处理技术进行资源化利用或者其他无害化方式处理。

其他垃圾可以采取分拣等方式进行综合利用。

第二十四条　市、区人民政府应当完善有害垃圾处理设施，建立健全非工业源有害垃圾收集运输处理系统。

分类收集后的有害垃圾应当按照国家污染控制标准的要求贮存。收集、运输、处理过程中，有关单位应当采取有效污染防治措施，防止产生二次污染。

市主管部门应当定期委托专业环境影响评价机构，对生活垃圾分类处理单位的运行情况进行环境影响评价。

第二十五条　从事生活垃圾分类处理的单位应当遵守下列规定：

（一）按照规定配置处理设施以及合格的管理人员和操作人员；

（二）建立处理台账，记录每日生活垃圾的运输单位、种类、数量，并按照规定报送数据、报表等；

（三）按照规定处理生活垃圾处理过程中产生的污水、废气、废渣、粉尘等，定期进行水、气、噪声、土壤等环境影响监测，防止污染周边环境；

（四）制定应急预案，应对设施故障、事故等突发事件；

（五）按照要求建设在线监测系统，并将信息传输至生活垃圾分类管理信息系统；

（六）国家、省和本市有关生活垃圾分类管理的其他规定。

第二十六条　市主管部门应当制定生活垃圾处理项目管理规范。

生活垃圾处理设施的建设应当符合或者高于国家有关标准、技术规范。生活垃圾处理设施所采用的技术、设备、材料，应当符合或者高于国家标准。

第四章　促进措施

第二十七条　市、区人民政府应当建立涵盖生产、流通、消费等领域的生活垃圾源头减量工作机制，制定激励措施，引导、鼓励单位和个人参与生活垃圾分类与减量工作。

市人民政府应当按照谁产生、谁付费、多产生、多付费的原则，建立生活垃圾计量收费制度。

落实生活垃圾处理税收优惠政策，鼓励企业投资生活垃圾资源化和再生产品应用项目。

第二十八条　市、区人民政府应当发挥市场机制作用，制定激励措施，鼓励社会资本参与生活垃圾分类投放、收集、运输、处理设施的建设和运营。

第二十九条　市发展和改革、财政、经济和信息化、建设、质量技术监督、商务、市场监督管理、旅游、农业、机关事务管理等行政管理部门，应当根据各自职责，制定有利于生活垃圾减量的措施。

公共机构应当优先采购可以循环利用、资源化利用的办公用品，推行无纸化办公。

第三十条　市、区人民政府有关部门应当推行净菜上市、洁净农副产品进城，鼓励果蔬批发市场、集贸市场果皮菜叶就地资源化处理。

鼓励家庭、社区利用新技术、新设备对厨余垃圾采取粉碎、生化等方式进行就地处理。

第三十一条　各类商品的生产者和销售者应当严格执行国家、省和本市对限制产品过度包装的标准和要求，减少包装材料的过度使用和包装性废物的产生。对列入国家强制回收目录的产品和包装物按照规定予以标注并进行回收。对其中可以利用的，由生产企业负责利用；因技术或者经济条件不适合利用的，由生产企业进行无害化处理。

鼓励采用以旧换新、网购送货回收包装物、押金返还等方式回收再生资源。

第三十二条　市商务行政管理部门应当建立与再生资源利用

相协调的回收体系，制定措施鼓励企业对塑料、玻璃等低附加值可回收物以及大件垃圾进行回收处理。

鼓励在公共机构、社区、企业等场所设置专门的分类回收设施。商场、超市应当在其经营场所内设立便民回收点。

鼓励建立再生资源回收利用信息化系统，提供回收种类、交易价格、回收方式等信息。

第三十三条　市、区主管部门应当会同有关部门建立生活垃圾分类激励机制。

有关单位可以通过可兑换积分奖励等方式引导个人正确分类投放生活垃圾。

第三十四条　市容环卫、餐饮、旅游、再生资源回收利用等相关行业协会应当制定本行业生活垃圾分类和减量工作方案并组织实施，督促会员单位落实工作方案的相关要求。

物业管理协会应当将生活垃圾分类和减量有关要求纳入物业服务企业评级考核或者物业管理示范住宅小区、优秀住宅小区评定的标准以及评分细则。

家政服务企业应当将生活垃圾分类和减量纳入岗位培训的内容。

第三十五条　市、区人民政府应当对在生活垃圾分类工作中成绩突出的单位和个人予以表彰奖励，对管理责任人可以采用以奖代补等方式给予支持。

鼓励单位和个人通过捐资、捐赠、义务劳动、志愿服务等方式参与生活垃圾分类、回收利用、无害化处理工作，推动企业和社会组织开展生活垃圾分类服务。

物业服务企业因履行管理责任人职责增加费用支出的，可以与业主或者业主委员会协商解决并在物业服务合同中确定。

第三十六条 市、区主管部门应当采用多种方式向公众普及生活垃圾分类知识，增强公众的分类意识，组织生活垃圾分类收集、运输、处理设施的公众开放活动，建立生活垃圾分类管理宣传教育基地。

本市报刊、广播、电视、互联网等媒体应当根据相关规定，进行普及生活垃圾分类知识的公益宣传。

户外广告发布者应当按照规定将生活垃圾分类公益广告纳入户外广告发布内容。

第五章 监督管理

第三十七条 街道办事处（镇人民政府）可以招募督导员、志愿者或者委托社区工作者、物业服务人员承担下列职责：

（一）生活垃圾分类入户宣传、指导；

（二）对生活垃圾分类投放情况进行检查；

（三）对违反分类规定投放和收集生活垃圾的行为进行劝阻；对不听劝阻的，报告城市管理行政执法部门。

第三十八条 单位和个人发现违反生活垃圾分类规定的行为，有权向市、区主管部门和辖区执法部门投诉举报。有关部门应当畅通投诉举报渠道，向社会公布投诉举报的方式、处理流程和时限，并及时将处理结果告知投诉举报人。

对经查证属实的投诉举报，按照规定给予奖励。

第三十九条 市主管部门会同有关部门定期通过报刊、广播、电视、互联网等媒体，对违反生活垃圾分类规定的行为予以曝光。

第四十条 违反本办法规定，有下列情形之一的，由市主管部门或者有关部门依法将相关信息纳入本市社会信用信息共享平台：

（一）不履行生活垃圾分类义务且拒不改正，造成严重不良影响的；

（二）阻碍执法部门履行职责，造成严重后果的；

（三）打击、报复投诉举报人，造成一定后果的；

（四）法律、法规、规章规定的其他情形。

前款规定的违法行为人可以申请通过参加生活垃圾分类志愿服务活动，提前将相关信息移出本市社会信用信息共享平台。具体办法由市人民政府制定。

第四十一条　市、区人民政府应当建立和完善生活垃圾分类管理的考核制度，并按照规定将考评结果纳入政府绩效考核体系。具体考核工作由市、区生活垃圾分类管理机构组织实施。

文明单位、文明村镇、文明家庭、文明校园等精神文明创建活动应当将生活垃圾分类与减量的实施纳入评选标准。

市、区主管部门可以向社会公开聘请社会监督员，对有关部门开展生活垃圾分类工作的落实情况开展监督。社会监督员中应当有人大代表、政协委员、市民、志愿者等。

第四十二条　市主管部门应当建立和完善生活垃圾分类全过程监管制度，建立统一的生活垃圾分类管理信息系统，定期向社会公开相关信息，并与商务、环境保护、建设等部门实现信息共享。

街道办事处（镇人民政府）应当建立生活垃圾分类收集、分类运输、分类处理台账，汇总辖区内管理责任人报送的相关信息，并按照规定向区主管部门报送。

第六章 法律责任

第四十三条 对违反本办法规定的行为,由城市管理行政执法部门或者其依法委托的管理公共事务的事业组织实施行政处罚。

相关执法人员有权要求行为人提供姓名、住址、所在单位、联系方式等基本信息。行为人拒不配合的,现场执法人员可以依照有关规定通知公安机关进行现场查验。

第四十四条 违反本办法第十一条第一款规定,随意倾倒或者堆放生活垃圾的,责令改正,对单位处以一万元以上五万元以下罚款;对个人处以五十元以上二百元以下罚款,拒不改正的,处以一千元罚款。

第四十五条 违反本办法第十一条第二款、第三款规定投放生活垃圾的,责令改正;拒不改正的,对单位处以一万元以上五万元以下罚款,对个人处以五十元以上五百元以下罚款。

第四十六条 管理责任人违反本办法第十三条第一款、第十五条第一款规定的,责令限期改正;逾期未改正的,处以一万元以上五万元以下罚款,对单位直接负责的主管人员和其他直接责任人员处以单位罚款数额百分之十罚款。

第四十七条 违反本办法第十九条、第二十一条规定,混合收集、运输分类投放的生活垃圾的,处以一万元以上五万元以下罚款,对单位直接负责的主管人员和其他直接责任人员处以单位罚款数额百分之十罚款。

第四十八条 违反本办法第二十三条第三款、第二十四条第二款规定处理生活垃圾的,责令限期改正;逾期未改正的,处以五万元以上二十万元以下罚款,对单位直接负责的主管人员和其他直接责任人员处以单位罚款数额百分之十罚款。

第四十九条 从事生活垃圾分类收集、运输、处理的单位违反本办法第二十条、第二十二条、第二十五条规定的，责令限期改正；逾期未改正的，处以一万元以上五万元以下罚款，对单位直接负责的主管人员和其他直接责任人员处以单位罚款数额百分之十罚款。

第五十条 根据本办法规定对个人处以五十元罚款的，当场作出行政处罚决定，并出具行政处罚决定书。

第七章　附　则

第五十一条 法律、法规和规章对一般工业固体废物、建筑垃圾、市政污泥、医疗废物、危险废物等废弃物的管理有规定的，从其规定。

餐饮业经营者、单位食堂产生的餐厨垃圾，以及大件垃圾的分类管理办法，由市人民政府另行规定。

第五十二条 本市思明区、湖里区的生活垃圾分类管理自本办法施行之日起实施；集美区、海沧区、同安区、翔安区的生活垃圾分类管理实施区域和日期，由区人民政府按照城市社区、农村地区不同情况分步推进的原则确定，并向社会公布。

第五十三条 本办法自2017年9月10日起施行。

城市生活垃圾处理特许经营
协议示范文本

城市生活垃圾处理特许经营
协议示范文本

关于印发城市供水、管道燃气、城市生活垃圾
处理特许经营协议示范文本的通知
建城〔2004〕162号

各省、自治区建设厅,直辖市建委及有关部门:

  为了施行《市政公用事业特许经营管理办法》,建设部组织有关专家,结合各行业的特点,制定了《城市供水特许经营协议示范文本》、《管道燃气特许经营协议示范文本》和《城市生活垃圾处理特许经营协议示范文本》(以下简称《示范文本》)。现予印发,供各地在实施特许经营制度时参考。

该《示范文本》主要体现了特许经营协议的原则性规定。各地在签定具体项目的特许经营协议时,应当根据当地和具体项目的实际情况,对《示范文本》规定的原则性内容进行细化。该《示范文本》不影响当事双方对协议的具体内容进行的自愿约定和协商。

希望各地对实施过程中发现的问题提出建议,并及时反馈建设部城市建设司,以不断完善特许经营制度。

附件:1.《城市供水特许经营协议示范文本》(GF-2004-2501)(略)

2.《管道燃气特许经营协议示范文本》(GF-2004-2502)(略)

3.《城市生活垃圾处理特许经营协议示范文本》(GF-2004-2505)

中华人民共和国建设部
二〇〇四年九月十四日

附件三

GF-2004-2505

城市生活垃圾处理
特许经营协议

示范文本

第一章 总 则

第一条 为规范城市生活垃圾处理市场，加强城市生活垃圾处理企业管理，保证按照有关法律、法规和标准和规范的要求实施城市垃圾处理，维护垃圾处理企业的合法权益，根据_____和中国_____省（自治区）_____市（县）人民政府授权，由第二条所述双方于____年__月__日在中国_____省（自治区）_____市（县）签署本协议。

第二条 协议一方：中国_____省（自治区）_____市（县）人民政府_____局（委）（下称"特许经营权授予方"），法定地址：_____，法定代表人：_____，职务：_____；协议另一方：_____公司（下称"项目公司"），注册地点：_____，注册号：_____，法定代表人：_____，职务：_____，国籍：_____。

第三条 本垃圾处理特许经营项目是_____，主要处理_____的垃圾，日处理规模_____吨/日（或____吨/年），主要工艺为_____。

第四条 （特许经营权授予方）委托_____于_____年__月至____年__月对_____项目进行了公开招标，经过_____，确定_____为本项目的中标人，组建项目公司。项目公司的组成为_____，_____，和_____。

第五条 （中标人）符合资格预审要求，具有要求的技术实力，提供的技术方案成熟、可靠，技术路线正确、合理，经营方案切实可行。

第六条 _____市人民政府愿意授予项目公司特许经营权，

由项目公司按照本协议的条款和条件实施项目,并授权特许经营权授予方与项目公司签署《特许经营协议》,并授权特许经营权授予方与项目公司签署作为本协议附件1的《垃圾供应与结算协议》。

第二章 定义与解释

第七条 名词解释:(对协议中涉及的技术的和商务的特定含义的词汇和语句进行定义或限定,明确协议中使用的字母缩写和单位,包括但不限于以下内容)

中国:指中华人民共和国,仅为本协议之目的,不包括香港特别行政区、澳门特别行政区和台湾地区。

法律:指所有适用的中国法律、行政法规、规章、自治条例、单行条例、地方性法规、司法解释及其它有法律约束力的规范性文件。

垃圾:指特许经营权授予方或由特许经营权授予方指定的其他机构按照《垃圾供应与结算协议》的规定提供给垃圾处理厂(场)处理的垃圾。

项目:指第三条规定的垃圾处理项目。

项目建设:指项目的垃圾处理厂(场)及其相关的设施和设备的设计、采购、施工、安装、完工、测试和调试。

公用设施:指由特许经营权授予方为了项目施工和运营,连接至场区边界并在特许期内负责维护和正常服务的输变电、供水、供气和通讯等设施。

日处理量:指根据垃圾供应与结算协议确定的以吨(t)为单位的垃圾日处理量,包括额定日处理量、月核定日处理量、预计核定日处理量、最高日处理量和最低日处理量。

协议：指特许经营权授予方与项目公司之间签订的本特许经营协议，包括附件＿＿1＿＿至附件＿＿＿＿，每一部分都应视为本协议的一部分。

批准：指需从政府部门依法获得的为项目公司或为垃圾处理厂（场）的投资、设计、建设、运营和移交所需的许可、执照、同意、授权、核准或批准，包括附件＿＿＿＿所列举的批准。

仲裁协议：指特许经营权授予方、项目公司和贷款代理人在本协议签订之日签订的仲裁协议，并作为本协议附件15附后。

投标保函：指发起人按照投资竞争人须知要求与本项目建议书同时提交的保证金、担保书或备用信用证。

履约保函：指根据第＿＿八＿＿条要求向特许经营权授予方提供的针对项目建设阶段的保证金、担保书或备用信用证。

维护保函：指根据第＿＿八＿＿条要求向特许经营权授予方提供的针对项目运营和维护阶段的保证金、担保书或备用信用证。

法律变更：指

（a）在＿＿＿＿＿＿年＿＿＿月＿＿＿日之后，任何政府部门对任何法令、法律、条例、法规、通知、通告的实施、颁布、修改或废除；

（b）在＿＿＿＿＿＿年＿＿＿月＿＿＿日之后，任何政府部门对有关任何批准的发出、续延或修改实施、修改或废除了任何实质性的条件，

无论是上述哪一种情况，

（a）导致适用于项目公司的税收、税收优惠或关税发生任何变化；

(b) 实施、修改或取消了对垃圾处理厂（场）的投资、建设、运营、维护或移交的要求。

商业运营开始日：指完工证书签发日的同一日，即垃圾处理厂（场）的商业运营开始日。

建设工程开始：指建设承包商按照项目计划在场地进行的工程建设的开始。

项目公司：指以实施本协议为目的，根据中华人民共和国有关法律和法规在中国成立和登记注册的项目公司。

法定地址：_____，法定代表人：_____，国籍：_____

及其继承人及经许可的受让人。

特许经营权：指本协议中特许经营权授予方授予项目公司的、在特许经营期限内独家在特许经营区域范围内投资、设计、建设、运营、维护垃圾处理项目并收取费用的权利。

建设合同：指由项目公司和建设承包商之间达成的且由特许经营权授予方及/或其他政府主管部门批准或备案的有关垃圾处理厂（场）设计、建筑安装、工程监理和材料与设备采购的一个或多个协议。

建设承包商：指由项目公司通过招标所聘用且由特许经营权授予方及/或其他政府主管部门批准或备案的根据建设合同和本协议履行建设工程的一个或多个承包商及其各自的继承人和许可受让人。

建设期：指自项目公司进场开工日始至完工日止的垃圾处理厂（场）的建设期间。

协调机构：指根据第__十__条规定成立的机构。

违约：指一方不履行其任何项目协议项下的义务，并且不是由于另一方的作为或不作为违反任何项目协议项下的义务，也不是由于不可抗力或另一方承担风险的事件造成的。

生效日：指本协议条款中双方约定的生效日期。

不可抗力：是指在签订本协议时不能合理预见的、不能克服和不能避免的事件或情形。以满足上述条件为前提，不可抗力包括但不限于：

（1）雷电、地震、火山爆发、滑坡、水灾、暴雨、海啸、台风、龙卷风或旱灾；

（2）流行病、瘟疫；

（3）战争行为、入侵、武装冲突或外敌行为、封锁或军事力量的使用，暴乱或恐怖行为；

（4）全国性、地区性、城市性或行业性罢工；

（5）国家政策的变更，如对垃圾处理设施的国有化等；

（6）国家政府部门实行的任何进口限制或配额限制；

（7）由于非特许经营权授予方或其指定或委托的机构造成的运输中断。

移交日期：是指特许经营期届满之日（适用于本协议期满终止）或根据本协议第二十四条规定确定的移交日期（适用于本协议提前终止）。

环境污染：指垃圾处理项目对于地上、地下或周围的空气、土地或水的污染，且该等污染违背或不符合有关环境的适用法律或国际惯例。

融资文件：指依适用法律批准的与项目的融资或再融资相关的贷款协议、票据、契约、担保协议、保函、外汇套期保值协议

和其他文件，但不包括

（1）与股权投资者的认股书或股权出资相关的任何文件。

（2）与提供履约保函和维护保函相关的文件。

贷款人：指融资文件中的贷款人。

验收：指第十四条所述的确保项目设施达到技术标准、规范和要求及设计标准的测试和审核。

第三章　特许经营权

第八条　特许经营权

本条主要包括以下几方面的内容：

（1）授权范围：

a. 规定特许经营权授予方授予项目公司承担一个特许经营垃圾处理建设或运营项目权利的范围；

b. 为控制项目公司的风险，限制项目公司从事未经特许经营权授予方批准或同意的其它业务的权利；

c. 涉及到的所处理垃圾的地域范围和其他授权范围等。

（2）特许期限：即业主政府许可项目公司在该项目建成后运营合同设施的期限，该条款与业主政府及其用户、项目公司的利益都有非常密切的关系，特许经营期限应根据垃圾处理规模、技术路线、经营方式等因素确定，最长不得超过30年。并说明在不可抗力事件、一方违约、重大法律变更时特许期限的调整程序。

（3）转让和抵押

应说明项目公司抵押或转让垃圾处理设施的资产、设施和设备的条件。对于特许经营权的转让和抵押的限制等。其中：1、项目公司如为本项目融资目的，经特许经营权授予方同意（特许经营权授予方不得不合理地拒绝同意）的情况下，可以在其资产和权利上设置担保权益；2、项目公司股东在项目稳定运行____年限后应可以转让股权，前提是不影响项目继续稳定运行。

（4）特许期内项目公司的主要责任和特许经营权下项目公司应支付的费用，如项目的前期开发费（如征地拆迁、勘察、设计等）、各种保函（或其他方式的担保）。

第九条　声明、保证和前提条件

主要是申明双方的法律地位、经济情况和对于项目的许可、评审、听证、公示、批准等情况及承担项目资格和能力、项目成立的基本条件等。

第十条　特许经营权的监管

（1）特许经营权授予方应明确对于垃圾处理特许经营过程的行业监督管理机构、监管内容和方式，并明确不合格情况下的处理措施。

（2）应当包括对于运行过程处理标准的监管、环境标准的监管、财务状况的监管和安全卫生的监管。

（3）明确协调机构的组建时间、人员组成、任务和责任。

第四章　新建项目建设

第十一条　土地使用权

主要包括土地使用权的获得过程中双方责权利，场地使用限制、使用权的改变和抵押、土地使用费等，土地使用期限及其延长。

第十二条　设计

包括设计要求、设计审批过程、设计变更程序等。

第十三条 建设

主要包括建设过程中特许经营权授予方和项目公司各自的责任、建设工程的质量保证和质量控制的责任和措施等，也包括了设备及材料采购和建设承包商的选择、项目计划及进度安排和保证措施、工期延误和不合格工程拒收等。

运营期的分期建设或扩建参照本章执行。

第十四条 验收和完工

（1）规定验收时间、依据的法规和标准。

（2）明确参加验收的人员组成。

（3）明确项目公司验收计划的通知的时间和通知方式。

（4）明确工程验收结果的认可方式，初步完工证书的颁发和试运营的进行，以及最后完工的审核和证书的颁发。

（5）明确验收失败后的重新验收或审核的方式和程序。

（6）特许经营权授予方对提前完工情况下项目的实施安排。

（7）明确特许经营权授予方检验和接收工程或设施及发出初步完工证书或完工证书并不解除项目公司承担项目设计或建设方面任何缺陷或延误的责任。

第十五条 完工延误和放弃

（1）明确由于不可抗力造成的完工延误情况下，双方责任的免除及进度日期的顺延。

（2）明确在特许经营权授予方导致的完工延误情况下，及进度日期的顺延。

（3）明确在不是由于特许经营权授予方的违约，或不是由于不可抗力造成的延误情况下，项目公司的责任。

（4）明确最后完工延误的违约金，以及这种违约金的最高限额。

（5）明确在由于项目公司违约造成建设工程已被项目公司放弃或视为放弃情况下，项目公司的责任或违约金。

（6）明确项目公司被视为放弃的条件。

（7）明确特许经营权授予方解除全部或尚未支取的履约保函（或其他方式的担保）项下的金额的时间或条件。

（8）如对项目建设工期要求特别高，可以考虑加入介入建设条款，即如项目建设工期或质量严重不符合要求时，特许经营权授予方选择自行或指定第三方建设项目的条件。

第五章　项目的运营与维护

第十六条　运营与维护

（1）明确在整个特许期内项目公司负责垃圾处理设施的管理、运营、安全和维护的任务和责任。

（2）在整个特许期内运营维护期间，特许经营权授予方的责任和义务。

（3）明确监管机构对于运营安全和技术要求监督和检查要求。

（4）检验与维护手册：明确项目公司的垃圾处理设施的检验与维护手册的要求。

（5）监督管理手册：明确特许经营权授予方对于项目公司运营和维护工作的监督管理权限、程序、措施和惩处手段。

（6）明确运营与维护保函（或其他担保）数额、补足要求和有效期等。

（7）明确项目公司违反其维护垃圾处理设施的义务情况下的处理措施。

（8）明确项目或其任何部分违反应适用的中国的安全标准和

法规情况下的处理措施。

（9）明确项目公司运营垃圾处理设施应达到附件2技术规范规定的处置标准、产品标准、环境标准。

（10）明确特许经营权授予方及其代表在不影响正常作业情况下进入垃圾处理设施，以监察垃圾处理设施的运营和维护的权利和条件。

（11）明确项目公司应提供的定期报告：包括运营报告、财务报告、环境监测报告等。

（12）明确如项目运营和维护严重不符合要求时，特许经营权授予方选择自行或指定第三方运营和维护的权利。

（13）明确运营期间需要扩建等建设项目时的程序与条件。

第十七条 垃圾的供应与运输

明确特许经营权授予方在整个特许期内根据附件1的条款，调配并向项目公司供应垃圾，项目公司应接收其运营垃圾处理设施所需的符合附件1条款要求的全部垃圾。项目公司不得接收附件1或其补充修订协议之外的垃圾。

第十八条 垃圾处理服务和垃圾处理费

特许经营权授予方应在整个特许期内根据附件1的有关条款供应垃圾，并向项目公司支付垃圾处理费，或明确收费方式和金额并办理完整的收费文件；协助相关部门核算和监控项目公司成本，提出价格调整意见。

第十九条 项目的融资和财务管理

（1）明确在特许期内，项目公司负责筹集垃圾处理设施建设、运营和维护所需的所有资金的义务。

（2）明确项目公司在特许期内项目公司股东在项目投资的股

本金数额及比例要求。

(3) 在使用外资情况下，规定项目公司所有需要以外汇进行有关本项目的结算的银行帐户使用方法。

(4) 在使用外资情况下，特许经营权授予方应明确项目公司、建设承包商和运营维护承包商在中国境内开立、使用外汇帐户，向境外帐户汇出资金等事宜。

(5) 在使用外资情况下，应规定项目公司在特许期内将项目的人民币收入兑换成外汇，以支付项目外汇支出、外币贷款还本付息和支付外国股东股本金的利润等事宜。

(6) 在利用外资情况下，项目公司（或股东）将其利润汇出境外的条件。

(7) 对于项目公司财务报表的要求。

第六章　项目的移交

第二十条　特许期结束后的移交

(1) 明确特许期结束后，项目公司向特许经营权授予方移交的有形、无形资产内容及完好程度。

(2) 明确最后恢复性大修的时间、范围和要求，以及移交验收程序。

(3) 明确移交的备品备件的内容和程序。

(4) 填埋场情况下，对于项目公司进行封场及后处理的要求。

(5) 明确移交日期垃圾处理设施的状况要求、缺陷责任期内项目公司的责任和责任的限制、以及对于未能修复缺陷或损害的赔偿、对于移交维护保险的要求等。

(6) 明确在移交时，项目公司所有承包商和供应商提供的尚未期满的担保及保证、所有保险单、暂保单和保险单批单等转让给特许经营权授予方或其指定机构的方式。

（7）关于项目公司运营和维护垃圾处理设施的所有文件、图纸、技术和技术诀窍，及所有无形资产的移交和授让方式。

（8）明确特许期结束后原项目公司雇员的处置。

（9）明确对于项目公司签订的、于移交日期仍有效的运营维护合同、设备合同、供货合同和所有其他合同的处置。

（10）明确项目公司移走的物品的范围和方式。

（11）明确项目公司应承担移交日期前垃圾处理设施的全部或部分损失或损坏的风险，除非损失或损坏是由特许经营权授予方的违约所致。

（12）明确所进行移交和转让及其批准所需的费用和支出方式。

（13）明确移交机构组成及移交程序。

（14）明确本协议移交后的效力。

（15）明确特许经营权授予方对于运营与维护保函（或其他担保）的余额解除的时间或条件。

（16）明确如果特许经营权授予方将再次授予特许经营权，项目公司是否有优先权及其条件。

第七章　双方的一般义务

第二十一条　特许经营权授予方的一般义务

（1）明确特许经营权授予方应始终遵守并促使遵守任何中华人民共和国及政府部门颁布的所有有关法律、法规和法令。

（2）明确在重要的法律变更情况下协议的执行和补偿。

（3）明确可能的税收优惠。

（4）明确对项目公司为垃圾处理设施的投资、设计、建设、运营和移交所需的审查、许可、执照、同意、授权或批准。

（5）明确需要获得和保持批准，包括特许经营权授予方协助获得的批准和将由特许经营权授予方给予的批准的责任。

（6）明确特许经营权授予方对于项目公司、建设承包商及运营维护承包商或其各自的授权代表的物品和设备进出口所需的批准清单及责任。

（7）明确特许经营权授予方对于为项目公司、建设承包商、运营维护承包商的外籍人员及向项目公司提供为垃圾处理设施服务的必要人员取得就业许可的责任。

（8）明确特许经营权授予方提供的公用设施条件。

（9）明确特许经营权授予方在垃圾处理设施的建设、运营和维护过程中，对项目公司的经营计划实施情况、产品和服务的质量以及安全生产情况进行监督，并向政府提交年度监督检查报告。监督检查工作不得妨碍项目公司的正常生产经营活动。

（10）在项目的建设及运营期间，根据双方商定，特许经营权授予方将联系有关部门向项目公司提供公共安全保障。

（11）明确限制特许经营权授予方不当提取项目公司提交的投标保函、履约保函和运营与维护保函或其他方式的担保。

（12）明确特许经营权授予方是垃圾供应与运输协议项下的首要义务人，并享有相应的所有权利和应承担其各自协议项下的所有义务。

（13）明确特许经营权授予方任何违反垃圾供应与运输协议项下的义务应为特许经营权授予方本协议项下的违约。

（14）明确特许经营权授予方对项目公司在特许经营期间有不

当行为时的终止协议或取消特许经营权的情况。

（15）明确协议上报备案要求，以及受理调查公众对项目公司擅自停业、歇业的，应令其限期改正，督促其履行义务。

（16）项目公司承担政府公益性指令任务造成经济损失的，政府相应的补偿责任。

第二十二条 项目公司的一般义务

（1）明确对于项目公司所有权的变更及股份转让的限制，及变更名称、地址、法定代表人时应提前书面告之特许经营权授予方并经其同意。

（2）明确对于项目公司履行本协议项下的义务应遵守的法律、法规和法令的要求。

（3）明确重要的法律变更情况下的要求和垃圾处理价格调整的规定。

（4）接受主管部门对产品、安全、服务、质量的监督检查。

（5）按规定的时间将项目公司中长期发展规划、年度经营计划、年度报告、董事会决议等报特许经营权授予方备案。

（6）明确项目公司应遵守和执行的有关环保标准和要求，以及项目公司在建设、运营和维护垃圾处理设施时对于避免或尽量减少对设施、建筑物和居民区的妨害的责任。

（7）明确项目公司应保证生产设施、设备运营维护和更新改造所必须的投入，并确保设施完好。未经政府批准，项目公司不得擅自停业、歇业。

（8）项目公司对于考古、地质及历史文物的保护的要求。

（9）明确是否优先使用中国的服务、货物及优先条件，对于招标过程中对于是否优先使用中国的承包商或中国的服务及货物等的要求，以及本垃圾处理设施中使用中国的服务和货物的程度对于将来其他的特许经营权项目招商时对于本项目公司地位的影响。

（10）对于项目公司使用中国的劳动力的要求，明确应遵守的相关劳动和工会法律和尊重法规赋予的工人的各项权利。明确应遵守的健康和安全法规和标准规范。

（11）明确项目公司与本项目有关的文件、协议与本协议的一致性。

（12）明确项目公司应按照中华人民共和国及其政府部门颁布的法律和法规缴纳所有税金、关税及收费。

（13）明确在特许期内，项目公司应购买和保持的保险单；明确对于项目公司应责成其承保人或代理人向特许经营权授予方提供保险证明书的要求；对于项目公司向特许经营权授予方提供承保人的报告副本或项目公司从任何承保人处收到的其他报告副本等的要求。

（14）明确项目公司对承包商和其雇员及代理人的责任，应明确项目公司对于其雇用承包商的责任及与承包商签订的任何合同应包括使项目公司履行本协议必要的本协议项下的条款。

（15）明确项目公司融资文件的条款要求。

（16）项目公司对其财产和本协议项下的任何所有权或其它权利和权益进行质押、抵押、不动产抵押或其它担保物权给贷款人以外的任何人的限制。

（17）明确项目公司在协议有效期内单方提出解除协议的提前申请时限，及在特许经营权授予方同意解除协议前，项目公司履行正常经营的义务。

第二十三条 特许经营权授予方和项目公司的共同义务和权利

(1) 明确对于不可抗力引起的中止履行的规定

a. 明确对于项目公司声称的不可抗力而中止履行本协议或作为其不履行本协议项下义务的理由的限制条件；

b. 明确对于特许经营权授予方声称不可抗力而中止履行其本协议项下的义务或作为其不履行协议项下义务的理由的限制条件；

c. 明确对于不可抗力声称的程序；

d. 明确不可抗力造成影响情况下的费用补偿条件或时间表修改要求；

e. 在商业运营开始日之后，不可抗力事件期间的支付条件和方式；

f. 明确不可抗力造成的终止的程序要求；

g. 对于在受到不可抗力影响情况下，双方减少损失和协商的责任和要求；

h. 如果不可抗力造成建设工程或垃圾处理设施的实质性损坏情况下，设施修复的责任。

(2) 明确在危及或者可能危及公众利益、公众安全的紧急情况下，特许经营权授予方临时接管特许经营项目的条件和程序。

(3) 明确由特许经营权授予方向项目公司提供的文件的权属和限制、由项目公司向特许经营权授予方提供的文件权属和限制以及双方遵守对于文件的有关规定。

(4) 明确特许期结束后双方的保密规定。

(5) 明确双方相互合作以实现本协议的目的义务。

(6) 明确特许经营权授予方和项目公司反对以欺骗、贿赂等不正当手段获得特许经营权的陈述、保证、约定、法律责任并声明。

第八章　违约的补救

第二十四条　终止

(1) 明确项目公司违约事件下,特许经营权授予方有权立即发出终止意向通知。

(2) 明确特许经营权授予方违约事件下,项目公司有权立即发出终止意向通知。

(3) 明确终止意向通知的形式和程序以及发出终止通知的条件、程序。

(4) 明确贷款人限制终止的条件、贷款人的介入权和条件、贷款人的介入承诺的内容要求、程序、有效期及其限制等、介入期结束条件和贷款人选择一个替代本协议项下项目公司的替代公司的条件和程序。

(5) 明确由特许经营权授予方或其指定机构经营垃圾处理设施的权利和条件以及在项目公司违约事件发生之后且特许经营权授予方发出终止意向通知之后,特许经营权授予方在任何时候终止协议的权利。

(6) 明确如果垃圾供应与运输协议终止、垃圾供应与运输协议项下项目公司违约事件、在垃圾供应与运输协议项下出现不可抗力导致的协议终止等对于本协议的影响。

(7) 明确本协议终止后双方在本协议项下的进一步的义务,或对其它条款的影响。

(8) 终止后的补偿。

a. 明确项目公司违约事件下项目中止时,项目公司的赔偿方式和垃圾处理设施的处置。

b. 明确如果在生效日期后项目公司因特许经营权授予方违约事件终止本协议,特许经营权授予方对于项目公司的补偿方式。

c. 因法律变更导致的终止情况下特许经营权授予方对于项目公司的补偿方式。

(9) 明确由于不可抗力造成垃圾处理设施破坏,致使本协议终止情况下,项目公司得到垃圾处理设施保险的保单项下的付款的权利,以及该保险赔款的支付顺序。

(10) 明确一方终止本协议的权利并不排除该方采取本协议规定的或法律规定的其他可用的补救措施。

第二十五条 本协议违约的赔偿

(1) 明确以本协议的其他规定为条件,每一方应有权获得因违约方未遵守本协议的全部或部分而使其遭受的损失、支出和费用的赔偿,该项赔偿由违约方支付。

(2) 明确各方未能履行义务情况下的免责条件。

(3) 明确由于另一方违约而遭受损失或受损失威胁的一方应采取合理行动减轻或最大程度地减少另一方违约引起的损失的责任。

(4) 如果损失部分是由于受侵害方的作为或不作为造成的,或是由该方承担风险的事件造成的,赔偿的数额应按照这些因素对损失发生的影响程度而扣减。

(5) 明确各方对于由于本协议引起的、在本协议下或与本协议有关的任何索赔为对方的任何间接、特殊、附带、后果性或惩罚性损害赔偿的责任。

(6) 本条中的任何规定不应阻止任一方采取本协议规定的或

有法可依的任何其它补救措施。

第二十六条　责任与保障

（1）明确每一方对于其在履行本协议中的违约所产生的死亡、人身伤害和财产损害或损失，从而产生的基于此之上的责任、损害、损失、费用和任何形式的请求权，对另一方进行赔偿、提供辩护的权利。

（2）明确项目公司是否对于保障、赔偿特许经营权授予方免于承担由于项目的建设、运营和维护造成的环境污染所产生的所有债务、损害、损失、费用和索赔等的规定。

（3）明确上述规定的各方由于在本协议期满或终止之前发生的任何作为、不作为、行动、事情或事件产生的义务在本协议期满或终止后的继续有效性。

（4）明确提出索赔和抗辩程序。

第九章　协议的转让和合同的批准

第二十七条　协议的转让

（1）明确对于特许经营权授予方授让或转让其本协议项下全部或部分的权利或义务的条件和限制。

（2）明确项目公司转让其本协议项下全部或部分的权利或义务的条件和限制。

第二十八条　合同的批准

明确项目公司需要特许经营权授予方批准或备案的合同，并列于附件10。并明确上述合同批准或备案的程序。同时，特许经营权授予方对合同的批准并不免除项目公司在本协议项下的任何义务或责任。

第十章　争议的解决

第二十九条　解释规则

（1）明确本协议包括的文件内容。

（2）明确本协议构成双方对项目的完全的理解，并且取代双方以前所有的有关项目的书面和口头声明、协议或安排。

（3）明确本协议任何修改、补充或变更的形式和程序。

（4）明确如果本协议任何部分被任何有管辖权的仲裁庭或法院宣布为无效，协议其他部分的有效性。

（5）明确特许期内本协议及附件1相对于其它协议的优先顺序。

（6）明确执行本协议需要的一些解释。

第三十条　争议的解决

（1）明确对于产生争议时，组织协调机构友好解决的方式和程序。

（2）明确在不能通过协调机构友好解决情况下，通过专家组的调解时，专家组的组成、调解程序和费用等。

（3）若双方未能通过协调机构友好解决或通过专家组的调解解决争议、分歧或索赔，或如果对专家组的决议提出异议时，进行仲裁解决的机构。

（4）根据仲裁协议（附件15），明确双方将协议或附件项下的同一实质性问题发生的争议，提交仲裁的解决程序合并等事宜。

（5）明确通过司法解决争议、分歧或索赔的可能性。

（6）明确双方应在争议解决期间继续履行其本协议项下的所有义务。

（7）明确本条规定的争议解决条款在本协议终止后继续有效。

（注：争议解决方式只能选择仲裁机构和法院中的一种）

第十一章 其 它

第三十一条 其他条款

（1）明确双方在本协议项下各自独立的责任、义务及债务。

（2）明确本协议项下的通知应采取的方式和文字。

（3）明确一些对于协议条款不视为弃权的行为。

（4）明确特许经营权授予方对于任何司法管辖权下对其自己或其财产或收益所具有的诉讼、执行、扣押或其他法律程序的主权豁免，同意不请求主权豁免并特此不可撤销地放弃上述主权豁免。

（5）明确本协议适用中华人民共和国法律并根据中华人民共和国法律解释。

（6）明确项目公司根据本协议及其附件的要求申请获得的各种执照、许可和审批，均应向特许经营权授予方提交复印件备案。

（7）规定协议文本的文字和数量。

第十二章 附 件

附件1　垃圾供应与结算协议

附件2　技术规范与要求

附件3　项目公司建设和运营范围

附件4　特许经营权授予方提供的设施与服务

附件5　建设、运营和维护的质量保证和质量控制计划

附件6　技术方案

附件7　融资方案

附件8　项目公司的初始股东名单

附件9　所需的执照、许可及批准

附件 10　需预先批准的合同清单

附件 11　保险

附件 12　终止补偿金额

附件 13　项目公司法律顾问的法律意见书格式

附件 14　特许经营权授予方法律顾问的法律意见书格式

附件 15　仲裁协议

附件 16　履约保函格式

附件 17　运营与维护保函格式

附件 18　供电购电协议（在利用垃圾发电的情况下）

  本协议由愿受其法律效力约束的双方经正式授权的代表在其签字下注明之日签署本协议，以昭信守。

特许经营权授予方：　　　　　　项目公司：

［公章］　　　　　　　　　　　［公章］

法定代表人（签字）：　　　　　法定代表人（签字）：

姓名：　　　　　　　　　　　　姓名：

职务：　　　　　　　　　　　　职务：

日期：　　　　　　　　　　　　日期：

地震灾区建筑垃圾处理

地震灾区建筑垃圾处理技术导则（试行）

住房和城乡建设部
关于印发《地震灾区建筑垃圾处理技术导则》（试行）的通知
建科〔2008〕99号

各省、自治区建设厅，直辖市、计划单列市建委（建设局），新疆生产建设兵团建设局，各有关单位：

为指导地震灾区建筑垃圾处理与资源化利用工作，我部组织上海市环境工程设计科学研究院和有关专家编制完成了《地震灾区建筑垃圾处理技术导则》（试行），现印发给你们（可在 http://www.mohurd.gov.cn 下载），请参照执行。执行中的有关情况请及时告我部科学技术司。

中华人民共和国住房和城乡建设部
二〇〇八年五月三十日

1 总则

1.1 为及时清运、妥善处理地震灾区建筑垃圾，促进建筑垃圾在灾后重建中的资源化利用，制定本导则。

1.2 本导则适用于地震灾区坍塌的房屋和道路桥梁等建（构）筑物形成的建筑垃圾和拆除建（构）筑物形成的建筑垃圾。

1.3 生活垃圾、医疗废物、有毒有害危险化学品以及损毁的文物建筑残件等不包括在本导则范围内，不得混入建筑垃圾中清运处理。

1.4 灾区建筑垃圾处理应坚持资源利用、环境保护的指导思想，遵循快速清除、就近处理的原则。

1.5 灾区建筑垃圾处理责任部门应依据本导则，因地制宜，组织编制建筑垃圾评估、清运、处理处置、资源化利用和管理措施的具体实施计划。

1.6 灾区建筑垃圾处理工作应在责任部门的统一组织下，由建设、环保、交通、卫生、文物等部门分工协作实施。

2 评估

2.1 编制灾区建筑垃圾处理实施计划，应由责任部门组织当地相关单位对需清运处理的损毁建（构）筑物的分布、数量、种类进行调查、评估。

2.2 预估灾区建筑垃圾量宜以现场测量为准，如无实测资料，或现场难以测算，可按以下经验数据估算：城镇地区砖混和框架结构的建筑物，产生量约为 1.0—1.5 吨/平方米；其它木质和钢结构的建筑物，产生量约为 0.5—1.0 吨/平方米。农村地区建筑垃圾产生量参照上述数据的低限。

2.3 应组织相关单位对含有或疑有传染性的生物性污染物、

传染性污染源以及有毒有害危险化学品的损毁建（构）筑物进行申报、记录或风险评价，为分流清运和单独处理提供依据。

2.4 对损毁的有保护价值的古建筑和传统民居等，应在文物行政主管部门的配合下进行详细的登记和评估，以利于在"传统材料、传统工艺、传统形式、传统功能"的原则下恢复重建。

2.5 对拟定的回填、堆放、填埋场所的选址、清运处理方案、二次污染控制措施等应进行评估。

3 清运

3.1 对损毁建（构）筑物中的生活垃圾，以及生物性污染物、传染性污染源和有毒有害危险化学品等特种垃圾，应在相关部门配合下进行分离后分流，按有关规定和标准及时单独转运、处理。

3.2 对含有或疑有传染性的生物性污染物、传染性污染源的建筑垃圾，难以分离的，应确定区域范围，在卫生防疫人员指导下进行消毒处理后，送卫生填埋场分区处置。

县级以上人民政府总体应急预案经征求相关单位、专家意见后报同级人民政府常务会议审议。

3.3 对损毁的有保护价值的古建筑和传统民居等的残件，应在文物行政主管部门的配合下，按照所承载的价值的真实性、完整性和可再利用性进行分类清理，尽可能保留和保护可再利用的、承载传统材料特征和传统工艺信息的构件。

3.4 清理建筑垃圾时，宜将渣土、废砖瓦、废混凝土、废木材、废钢筋等分类装运，运到处理场所后分类堆放。对于混合装运的建筑垃圾，卸到处理场所后，可由有关部门根据需要分类分拣。

3.5 清运作业时，应先清运城镇主要道路和拟建过渡安置区域的建筑垃圾，其次为居住区周围、街道和公共场所的建筑垃圾，再逐步清运其它地区坍塌和拆除的建筑垃圾。

3.6 对涉及国家、集体、居民重要财产的区域，应先以人工清理为主，再机械清运。

3.7 对大体积的混凝土块等无法直接搬运清理的，可采用工程破碎机械进行破碎。对于难于破碎作业的场所也可采取局部爆破措施。

3.8 应尽量采用具有密闭或遮盖的大型渣土运输车辆，按指定的时间、地点和路线清运。

4 处理处置

4.1 建筑垃圾处理处置分为回填利用、暂存堆放和填埋处置等三种方式。

4.2 建筑垃圾回填利用

4.2.1 建筑垃圾回填利用主要用于场地平整、道路路基、洼地填充等。用于场地平整、道路路基的建筑垃圾应根据使用要求破碎后回填利用，用于洼地填充的建筑垃圾可不经破碎直接回填利用。

4.2.2 回填建筑垃圾应以渣土、碎石、砖块等建筑垃圾为主，不得含有3.1条所指的垃圾。

4.2.3 地下水集中供水水源地及补给区不得回填建筑垃圾。

4.3 建筑垃圾暂存堆放

4.3.1 建筑垃圾暂存堆场主要利用城镇近郊低洼地或山谷等处建设，条件成熟后，可将建筑垃圾进行资源化利用或转运至填埋场处置。

4.3.2 建筑垃圾暂存堆场宜相对集中设置。

4.3.3 建筑垃圾暂存堆场应选址在交通方便、距离建筑垃圾产生源较近，近期不会规划使用、库容量满足暂存堆放要求的地区；禁止设置在地下水集中供水水源地及补给区、活动的坍塌地带、风景游览区和文物古迹区。

4.3.4 建筑垃圾暂存堆场应包括库区简易防渗、防洪、道路等设施，有条件的场所可预留资源化利用设施用地。

4.4 建筑垃圾填埋处置

4.4.1 建筑垃圾填埋场可以市、县为单位集中设置。

4.4.2 建筑垃圾填埋场选址可参照"生活垃圾卫生填埋技术规范（CJJ17）"，宜选择在自然低洼地势的山谷（坳）、采石场废坑等交通方便、运距合理、土地利用价值低、地下水贫乏的地区；填埋库容应保证服务区域内损毁的建筑垃圾和灾后重建的建筑垃圾填埋量。

4.4.3 建筑垃圾填埋场应配备计量、防渗、防洪、排水、道路等设施和推铺、洒水降尘等设备。根据需要，可设置资源化利用设施。

4.4.4 建筑垃圾填埋场填满后的封场要求参照《生活垃圾卫生填埋场封场技术规程》（CJJ112）的相关规定执行。

5 资源化利用

5.1 建筑垃圾中的可再生资源主要包括渣土、废砖瓦、废混凝土、废木材、废钢筋、废金属构件等。

5.2 建筑垃圾资源化利用应做到因地制宜、就地利用、经济合理、性能可靠。为保证短时间内消纳大量建筑垃圾，灾区建筑垃圾利用应优先考虑就近回填利用以及简单、实用的再生利用方式。

5.3 对可再利用的、损毁的有保护价值的古建筑和传统民居等的结构构件、维护构件，特别是装饰构件，应按原工艺、原功能施用于重建的建（构）筑物原位置上。

5.4 应根据灾区建筑垃圾的基本材性、价值特征、可利用的种类和数量，合理确定建筑垃圾再生利用技术和途径，便于在当地推广应用。

5.5 适用于灾后重建的建筑垃圾资源化利用方式主要有：

（1）利用废弃建筑混凝土和废弃砖石生产粗细骨料，可用于生产相应强度等级的混凝土、砂浆或制备诸如砌块、墙板、地砖等建材制品。粗细骨料添加固化类材料后，也可用于公路路面基层。

（2）利用废砖瓦生产骨料，可用于生产再生砖、砌块、墙板、地砖等建材制品。

（3）渣土可用于筑路施工、桩基填料、地基基础等。

（4）对于废弃木材类建筑垃圾，尚未明显破坏的木材可以直接再用于重建建筑，破损严重的木质构件可作为木质再生板材的原材料或造纸等。

（5）废弃路面沥青混合料可按适当比例直接用于再生沥青混凝土。

（6）废弃道路混凝土可加工成再生骨料用于配制再生混凝土。

（7）废钢材、废钢筋及其他废金属材料可直接再利用或回炉加工。

（8）废玻璃、废塑料、废陶瓷等建筑垃圾视情况区别利用。

5.6 建筑垃圾资源化处理设施宜附设于建筑垃圾填埋场或建

筑垃圾暂存堆场；如确需单独选址建设资源化处理设施，应尽可能靠近建筑垃圾填埋场。

6 二次污染控制

6.1 灾区建筑垃圾在清运、回填、暂存或填埋过程中应采取必要的措施防止二次污染。

6.2 应将建筑垃圾与其它垃圾进行分流，去除建筑垃圾中的生活垃圾和特种垃圾，以减少建筑垃圾处理场所的二次污染。

6.3 建筑垃圾处理作业时，应根据需要进行消毒处理。对混有生活垃圾的建筑垃圾处理场还应进行杀虫、灭鼠处理。

6.4 建筑垃圾分类分拣作业场地应洒水喷淋，以减少扬尘的产生和污染。

7 劳动安全保护

7.1 在作业过程中。作业人员应配备必要的劳动防护用品，包括专用防尘口罩、工作服、安全帽、劳防手套、胶鞋等。

7.2 负责清运处理的责任部门应配备化学手套、抗化学物长靴、化学防护服等应急劳动防护用品，以及粉尘检测仪、挥发性有机物监测仪、防火器具、急救药箱等环保与安全仪器、设备。

7.3 应在作业现场设置劳动防护用品贮存室，定期进行盘库和补充；应定期对使用过的劳动防护用品进行清洗和消毒；应及时更换有破损的劳动防互用品。

7.4 建筑垃圾清运处理的安全、卫生措施应符合《关于生产性建设工程项目职业安全监察的暂行规定》、《生产过程安全卫生要求总则》等规定中的有关要求。

7.5 处理场所应设道路行车指示、安全标志及环境卫生设施设置标志。标识设置方法参照《道路交通标志和标线》（GB 5768）和《安全标志》（GB2894）。

7.6 对从事灾区建筑垃圾清运处理的作业人员应进行劳动安全保护专业培训。

8 管理措施

8.1 前期准备

（1）建筑垃圾清运处理责任部门应会同建设、环保、交通、卫生、文物等部门确认损毁建（构）筑物的使用功能，并对有保护价值的古建筑和传统民居、含有或疑有生物性污染物和传染性污染源、有毒有害危险化学品的场所，以及对抗震研究有价值的建（构）筑物等进行标识、记录和评估。

（2）对损毁建（构）筑物应保留必要的原始资料，登记造册，建立文字、图像和样品档案，以备以后分析、评估和研究。

（3）未倒塌的受损建（构）筑物经安全性评估必须拆除的，需经有关部门批准后，由专业公司负责拆除。

（4）建筑垃圾处理场址和布局应与灾区重建规划相衔接。

8.2 清运处理

（1）应实施运输道路的修复、修建以及处理场地必要的工程措施。

（2）应制定灾后建筑垃圾处理的管理制度，将回填点、暂存堆场、填埋场三类处理场所的位置、面积、容积、垃圾来源、责任部门等登记在册，以保证建筑垃圾来源的可追溯性和灾后重建修复的可控性。

（3）清除建筑垃圾过程中，若发现遗漏的地震遇难人员遗体（肢体），应按照有关部门的规定进行清理和卫生处理。

（4）公共、集体和个人财物、遗物应交有关部门按规定妥善处理。

（5）建筑垃圾中的破损电冰箱、电视机、电脑等电器应单独清理、统一处理。

（6）对于灾后建筑垃圾资源化利用，应制定相应的鼓励和扶持政策，以提高利用率。

8.3 后期管理

（1）应在建筑垃圾处理场周围设立隔离措施，派专人负责看护，并在出入口设置警告标示，严禁拾荒人员和社会闲杂人员进入。

（2）灾区建筑垃圾清运作业完成后，建筑垃圾处理场应移交给当地建设行政主管部门管理。

（3）应建立对地表水、地下水、土壤和大气的环境监测制度。

（4）应维护处理场区及周围的环境卫生，必要时定期进行消毒处理。

（5）应加强处理场附近边坡的安全稳定监测，必要时采取工程防护措施。

全国普法学习读本

垃圾管理处理法律法规学习读本

垃圾管理综合法律法规

王金锋 主编

加大全民普法力度，建设社会主义法治文化，树立宪法法律至上、法律面前人人平等的法治理念。

——中国共产党第十九次全国代表大会《决胜全面建成小康社会 夺取新时代中国特色社会主义伟大胜利》

汕头大学出版社

图书在版编目（CIP）数据

垃圾管理综合法律法规/王金锋主编. -- 汕头：汕头大学出版社，2023.4（重印）

（垃圾管理处理法律法规学习读本）

ISBN 978-7-5658-2943-7

Ⅰ.①垃… Ⅱ.①王… Ⅲ.①垃圾处理-环境保护法-中国-学习参考资料 Ⅳ.①D922.6834

中国版本图书馆 CIP 数据核字（2018）第 035724 号

垃圾管理综合法律法规　LAJI GUANLI ZONGHE FALÜ FAGUI

主　　编：	王金锋
责任编辑：	邹　峰
责任技编：	黄东生
封面设计：	大华文苑
出版发行：	汕头大学出版社
	广东省汕头市大学路 243 号汕头大学校园内　邮政编码：515063
电　　话：	0754-82904613
印　　刷：	三河市元兴印务有限公司
开　　本：	690mm×960mm 1/16
印　　张：	18
字　　数：	226 千字
版　　次：	2018 年 5 月第 1 版
印　　次：	2023 年 4 月第 2 次印刷
定　　价：	59.60 元（全 2 册）

ISBN 978-7-5658-2943-7

版权所有，翻版必究

如发现印装质量问题，请与承印厂联系退换

前 言

习近平总书记指出:"推进全民守法,必须着力增强全民法治观念。要坚持把全民普法和守法作为依法治国的长期基础性工作,采取有力措施加强法制宣传教育。要坚持法治教育从娃娃抓起,把法治教育纳入国民教育体系和精神文明创建内容,由易到难、循序渐进不断增强青少年的规则意识。要健全公民和组织守法信用记录,完善守法诚信褒奖机制和违法失信行为惩戒机制,形成守法光荣、违法可耻的社会氛围,使遵法守法成为全体人民共同追求和自觉行动。"

中共中央、国务院曾经转发了中央宣传部、司法部关于在公民中开展法治宣传教育的规划,并发出通知,要求各地区各部门结合实际认真贯彻执行。通知指出,全民普法和守法是依法治国的长期基础性工作。深入开展法治宣传教育,是全面建成小康社会和新农村的重要保障。

普法规划指出:各地区各部门要根据实际需要,从不同群体的特点出发,因地制宜开展有特色的法治宣传教育坚持集中法治宣传教育与经常性法治宣传教育相结合,深化法律进机关、进乡村、进社区、进学校、进企业、进单位的"法律六进"主题活动,完善工作标准,建立长效机制。

特别是农业、农村和农民问题,始终是关系党和人民事业发展的全局性和根本性问题。党中央、国务院发布的《关于推进社会主义新农村建设的若干意见》中明确提出要"加强农村法制建设,深入开展农村普法教育,增强农民的法制观念,提高农民依法行使权利和履行义务的自觉性。"多年普法实践证明,普及法律知识,提高法制观念，增强全社会依法办事意识具有重要作用。特别是在广大农村进行普法教育，是提高全民法律素质的需要。

多年来，我国在农村实行的改革开放取得了极大成功，农村发生了翻天覆地的变化，广大农民生活水平大大得到了提高。但是，由于历史和社会等原因，现阶段我国一些地区农民文化素质还不高，不学法、不懂法、不守法现象虽然较原来有所改变，但仍有相当一部分群众的法制观念仍很淡化，不懂、不愿借助法律来保护自身权益，这就极易受到不法的侵害，或极易进行违法犯罪活动，严重阻碍了全面建成小康社会和新农村步伐。

为此，根据党和政府的指示精神以及普法规划，特别是根据广大农村农民的现状，在有关部门和专家的指导下，特别编辑了这套《全国普法学习读本》。主要包括了广大人民群众应知应懂、实际实用的法律法规。为了辅导学习，附录还收入了相应法律法规的条例准则、实施细则、解读解答、案例分析等；同时为了突出法律法规的实际实用特点，兼顾地方性和特殊性，附录还收入了部分某些地方性法律法规以及非法律法规的政策文件、管理制度、应用表格等内容，拓展了本书的知识范围，使法律法规更"接地气"，便于读者学习掌握和实际应用。

在众多法律法规中，我们通过甄别，淘汰了废止的，精选了最新的、权威的和全面的。但有部分法律法规有些条款不适应当下情况了，却没有颁布新的，我们又不能擅自改动，只得保留原有条款，但附录却有相应的补充修改意见或通知等。众多法律法规根据不同内容和受众特点，经过归类组合，优化配套。整套普法读本非常全面系统，具有很强的学习性、实用性和指导性，非常适合用于广大农村和城乡普法学习教育与实践指导。总之，是全国全民普法的良好读本。

目 录

城市生活垃圾管理办法

第一章　总　　则 …………………………………………（1）
第二章　治理规划与设施建设 ……………………………（2）
第三章　清扫、收集、运输 ………………………………（4）
第四章　处　　置 …………………………………………（7）
第五章　监督管理 …………………………………………（9）
第六章　法律责任 …………………………………………（12）
第七章　附　　则 …………………………………………（14）
附　录
　　生活垃圾处理技术指南 ………………………………（15）
　　城市生活垃圾处理及污染防治技术政策 ……………（27）
　　全国城镇生活垃圾处理信息报告、核查和评估办法 ……（33）
　　农村生活垃圾治理验收办法 …………………………（39）
　　生活垃圾分类制度实施方案 …………………………（44）
　　"十三五"全国城镇生活垃圾无害化处理设施
　　　建设规划 ……………………………………………（53）
　　住房城乡建设部办公厅关于开展第一批农村生活垃圾分类和
　　　资源化利用示范工作的通知 ………………………（65）
　　住房城乡建设部、环境保护部关于规范城市生活垃圾
　　　跨界清运处理的通知 ………………………………（72）

— 1 —

住房城乡建设部等部门关于进一步加强城市生活垃圾
　　焚烧处理工作的意见 …………………………………（77）
关于进一步加强城市生活垃圾处理工作的意见 …………（85）
建设部关于加强城镇生活垃圾处理场站建设
　　运营监管的意见 ………………………………………（95）
关于印发"城市生活垃圾经营性清扫、收集、运输服务
　　许可证"和"城市生活垃圾经营性处置服务许可证"
　　样式的通知 ……………………………………………（101）

城市建筑垃圾管理规定

城市建筑垃圾管理规定 …………………………………（103）
附　录
　　上海市建筑垃圾处理管理规定 ………………………（109）
　　威海市建筑垃圾管理办法 ……………………………（126）
　　长沙市建筑垃圾资源化利用管理办法 ………………（132）

城市生活垃圾管理办法

中华人民共和国住房和城乡建设部令
第 24 号

《住房和城乡建设部关于修改〈房地产开发企业资质管理规定〉等部门规章的决定》已经审定,现予发布,自发布之日起施行。

住房城乡建设部部长
2015 年 5 月 4 日

(2007 年 4 月 28 日建设部令第 157 号发布;根据 2015 年 5 月 4 日住房和城乡建设部令第 24 号修正)

第一章 总 则

第一条 为了加强城市生活垃圾管理,改善城市市容和环境卫生,根据《中华人民共和国固体废物污染环境防治法》、《城市市容和环境卫生管理条例》等法律、行政法规，制定本办法。

　　第二条　本办法适用于中华人民共和国境内城市生活垃圾的清扫、收集、运输、处置及相关管理活动。

　　第三条　城市生活垃圾的治理，实行减量化、资源化、无害化和谁产生、谁依法负责的原则。

　　国家采取有利于城市生活垃圾综合利用的经济、技术政策和措施，提高城市生活垃圾治理的科学技术水平，鼓励对城市生活垃圾实行充分回收和合理利用。

　　第四条　产生城市生活垃圾的单位和个人，应当按照城市人民政府确定的生活垃圾处理费收费标准和有关规定缴纳城市生活垃圾处理费。

　　城市生活垃圾处理费应当专项用于城市生活垃圾收集、运输和处置，严禁挪作他用。

　　第五条　国务院建设主管部门负责全国城市生活垃圾管理工作。

　　省、自治区人民政府建设主管部门负责本行政区域内城市生活垃圾管理工作。

　　直辖市、市、县人民政府建设（环境卫生）主管部门负责本行政区域内城市生活垃圾的管理工作。

　　第六条　任何单位和个人都应当遵守城市生活垃圾管理的有关规定，并有权对违反本办法的单位和个人进行检举和控告。

第二章　治理规划与设施建设

　　第七条　直辖市、市、县人民政府建设（环境卫生）主管部门应当会同城市规划等有关部门，依据城市总体规划和本地区国民经济和社会发展计划等，制定城市生活垃圾治理规划，统筹安排城市生活垃圾收集、处置设施的布局、用地和规模。

制定城市生活垃圾治理规划，应当广泛征求公众意见。

第八条　城市生活垃圾收集、处置设施用地应当纳入城市黄线保护范围，任何单位和个人不得擅自占用或者改变其用途。

第九条　城市生活垃圾收集、处置设施建设，应当符合城市生活垃圾治理规划和国家有关技术标准。

第十条　从事新区开发、旧区改建和住宅小区开发建设的单位，以及机场、码头、车站、公园、商店等公共设施、场所的经营管理单位，应当按照城市生活垃圾治理规划和环境卫生设施的设置标准，配套建设城市生活垃圾收集设施。

第十一条　城市生活垃圾收集、处置设施工程建设的勘察、设计、施工和监理，应当严格执行国家有关法律、法规和技术标准。

第十二条　城市生活垃圾收集、处置设施工程竣工后，建设单位应当依法组织竣工验收，并在竣工验收后三个月内，依法向当地人民政府建设主管部门和环境卫生主管部门报送建设工程项目档案。未经验收或者验收不合格的，不得交付使用。

第十三条　任何单位和个人不得擅自关闭、闲置或者拆除城市生活垃圾处置设施、场所；确有必要关闭、闲置或者拆除的，必须经所在地县级以上地方人民政府建设（环境卫生）主管部门和环境保护主管部门核准，并采取措施，防止污染环境。

第十四条　申请关闭、闲置或者拆除城市生活垃圾处置设施、场所的，应当提交以下材料：

（一）书面申请；

（二）权属关系证明材料；

（三）丧失使用功能或其使用功能被其他设施替代的证明；

（四）防止环境污染的方案；

（五）拟关闭、闲置或者拆除设施的现状图及拆除方案；

（六）拟新建设施设计图；

（七）因实施城市规划需要闲置、关闭或者拆除的，还应当提供规划、建设主管部门的批准文件。

第三章 清扫、收集、运输

第十五条 城市生活垃圾应当逐步实行分类投放、收集和运输。具体办法，由直辖市、市、县人民政府建设（环境卫生）主管部门根据国家标准和本地区实际制定。

第十六条 单位和个人应当按照规定的地点、时间等要求，将生活垃圾投放到指定的垃圾容器或者收集场所。废旧家具等大件垃圾应当按规定时间投放在指定的收集场所。

城市生活垃圾实行分类收集的地区，单位和个人应当按照规定的分类要求，将生活垃圾装入相应的垃圾袋内，投入指定的垃圾容器或者收集场所。

宾馆、饭店、餐馆以及机关、院校等单位应当按照规定单独收集、存放本单位产生的餐厨垃圾，并交符合本办法要求的城市生活垃圾收集、运输企业运至规定的城市生活垃圾处理场所。

禁止随意倾倒、抛洒或者堆放城市生活垃圾。

第十七条 从事城市生活垃圾经营性清扫、收集、运输的企业，应当取得城市生活垃圾经营性清扫、收集、运输服务许可证。

未取得城市生活垃圾经营性清扫、收集、运输服务许可证的企业，不得从事城市生活垃圾经营性清扫、收集、运输活动。

第十八条 直辖市、市、县建设（环境卫生）主管部门应当通过招投标等公平竞争方式作出城市生活垃圾经营性清扫、收集、运输许可的决定，向中标人颁发城市生活垃圾经营性清扫、收集、运输服务许可证。

直辖市、市、县建设（环境卫生）主管部门应当与中标人签订城市生活垃圾清扫、收集、运输经营协议。

城市生活垃圾清扫、收集、运输经营协议应当明确约定经营期限、服务标准等内容，作为城市生活垃圾清扫、收集、运输服务许可证的附件。

第十九条 从事城市生活垃圾经营性清扫、收集、运输服务的企业，应当具备以下条件：

（一）机械清扫能力达到总清扫能力的20%以上，机械清扫车辆包括洒水车和清扫保洁车辆。机械清扫车辆应当具有自动洒水、防尘、防遗撒、安全警示功能，安装车辆行驶及清扫过程记录仪；

（二）垃圾收集应当采用全密闭运输工具，并应当具有分类收集功能；

（三）垃圾运输应当采用全密闭自动卸载车辆或船只，具有防臭味扩散、防遗撒、防渗沥液滴漏功能，安装行驶及装卸记录仪；

（四）具有健全的技术、质量、安全和监测管理制度并得到有效执行；

（五）具有合法的道路运输经营许可证、车辆行驶证；

（六）具有固定的办公及机械、设备、车辆、船只停放场所。

第二十条　从事城市生活垃圾经营性清扫、收集、运输的企业应当履行以下义务：

（一）按照环境卫生作业标准和作业规范，在规定的时间内及时清扫、收运城市生活垃圾；

（二）将收集的城市生活垃圾运到直辖市、市、县人民政府建设（环境卫生）主管部门认可的处理场所；

（三）清扫、收运城市生活垃圾后，对生活垃圾收集设施及时保洁、复位，清理作业场地，保持生活垃圾收集设施和周边环境的干净整洁；

（四）用于收集、运输城市生活垃圾的车辆、船舶应当做到密闭、完好和整洁。

第二十一条　从事城市生活垃圾经营性清扫、收集、运输的企业，禁止实施下列行为：

（一）任意倾倒、抛洒或者堆放城市生活垃圾；

（二）擅自停业、歇业；

（三）在运输过程中沿途丢弃、遗撒生活垃圾。

第二十二条　工业固体废弃物、危险废物应当按照国家有关规定单独收集、运输，严禁混入城市生活垃圾。

第四章 处 置

第二十三条 城市生活垃圾应当在城市生活垃圾转运站、处理厂（场）处置。

任何单位和个人不得任意处置城市生活垃圾。

第二十四条 城市生活垃圾处置所采用的技术、设备、材料，应当符合国家有关城市生活垃圾处理技术标准的要求，防止对环境造成污染。

第二十五条 从事城市生活垃圾经营性处置的企业，应当向所在地直辖市、市、县人民政府建设（环境卫生）主管部门取得城市生活垃圾经营性处置服务许可证。

未取得城市生活垃圾经营性处置服务许可证，不得从事城市生活垃圾经营性处置活动。

第二十六条 直辖市、市、县建设（环境卫生）主管部门应当通过招投标等公平竞争方式作出城市生活垃圾经营性处置许可的决定，向中标人颁发城市生活垃圾经营性处置服务许可证。

直辖市、市、县建设（环境卫生）主管部门应当与中标人签订城市生活垃圾处置经营协议，明确约定经营期限、服务标准等内容，并作为城市生活垃圾经营性处置服务许可证的附件。

第二十七条 从事城市生活垃圾经营性处置服务的企业，应当具备以下条件：

（一）卫生填埋场、堆肥厂和焚烧厂的选址符合城乡规划，并取得规划许可文件；

（二）采用的技术、工艺符合国家有关标准；

（三）有至少5名具有初级以上专业技术职称的人员，其中包括环境工程、机械、环境监测等专业的技术人员。技术负责人具有5年以上垃圾处理工作经历，并具有中级以上专业技术职称；

（四）具有完善的工艺运行、设备管理、环境监测与保护、财务管理、生产安全、计量统计等方面的管理制度并得到有效执行；

（五）生活垃圾处理设施配备沼气检测仪器，配备环境监测设施如渗沥液监测井、尾气取样孔，安装在线监测系统等监测设备并与建设（环境卫生）主管部门联网；

（六）具有完善的生活垃圾渗沥液、沼气的利用和处理技术方案，卫生填埋场对不同垃圾进行分区填埋方案、生活垃圾处理的渗沥液、沼气、焚烧烟气、残渣等处理残余物达标处理排放方案；

（七）有控制污染和突发事件的预案。

第二十八条　从事城市生活垃圾经营性处置的企业应当履行以下义务：

（一）严格按照国家有关规定和技术标准，处置城市生活垃圾；

（二）按照规定处理处置过程中产生的污水、废气、废渣、粉尘等，防止二次污染；

（三）按照所在地建设（环境卫生）主管部门规定的时间和要求接收生活垃圾；

（四）按照要求配备城市生活垃圾处置设备、设施，保证设施、设备运行良好；

（五）保证城市生活垃圾处置站、场（厂）环境整洁；

（六）按照要求配备合格的管理人员及操作人员；

（七）对每日收运、进出场站、处置的生活垃圾进行计量，按照要求将统计数据和报表报送所在地建设（环境卫生）主管部门；

（八）按照要求定期进行水、气、土壤等环境影响监测，对生活垃圾处理设施的性能和环保指标进行检测、评价，向所在地建设（环境卫生）主管部门报告检测、评价结果。

第五章　监督管理

第二十九条　国务院建设主管部门和省、自治区人民政府建设主管部门应当建立健全监督管理制度，对本办法的执行情况进行监督检查。

直辖市、市、县人民政府建设（环境卫生）主管部门应当对本行政区域内城市生活垃圾经营性清扫、收集、运输、处置企业执行本办法的情况进行监督检查；根据需要，可以向城市生活垃圾经营性处置企业派驻监督员。

第三十条　直辖市、市、县人民政府建设（环境卫生）主管部门实施监督检查时，有权采取下列措施：

（一）查阅复制有关文件和资料；

（二）要求被检查的单位和个人就有关问题做出说明；

（三）进入现场开展检查；

（四）责令有关单位和个人改正违法行为。

有关单位和个人应当支持配合监督检查并提供工作方便，不得妨碍与阻挠监督检查人员依法执行职务。

第三十一条　直辖市、市、县人民政府建设（环境卫生）主管部门应当委托具有计量认证资格的机构，定期对城市生活垃圾处理场站的垃圾处置数量、质量和环境影响进行监测。

第三十二条　城市生活垃圾经营性清扫、收集、运输、处置服务许可有效期届满需要继续从事城市生活垃圾经营性清扫、收集、运输、处置活动的，应当在有效期届满30日前向原发证机关申请办理延续手续。准予延续的，直辖市、市、县建设（环境卫生）主管部门应当与城市生活垃圾经营性清扫、收集、运输、处置企业重新订立经营协议。

第三十三条　有下列情形之一的，可以依法撤销许可证书：

（一）建设（环境卫生）主管部门工作人员滥用职权、玩忽职守作出准予城市生活垃圾清扫、收集、运输或者处置许可决定的；

（二）超越法定职权作出准予城市生活垃圾清扫、收集、运输或者处置许可决定的；

（三）违反法定程序作出准予城市生活垃圾清扫、收集、运输或者处置许可决定的；

（四）对不符合许可条件的申请人作出准予许可的；

（五）依法可以撤销许可的其他情形。

申请人以欺骗、贿赂等不正当手段取得许可的，应当予以撤销。

第三十四条　有下列情形之一的，从事城市生活垃圾经营性清扫、收集、运输或者处置的企业应当向原许可机关提出注销许可证的申请，交回许可证书；原许可机关应当办理注销手续，公告其许可证书作废：

（一）许可事项有效期届满，未依法申请延期的；

（二）企业依法终止的；

（三）许可证依法被撤回、撤销或者吊销的；

（四）法律、法规规定的其他应当注销的情形。

第三十五条　从事城市生活垃圾经营性清扫、收集、运输、处置的企业需停业、歇业的，应当提前半年向所在地直辖市、市、县人民政府建设（环境卫生）主管部门报告，经同意后方可停业或者歇业。

直辖市、市、县人民政府建设（环境卫生）主管部门应当在城市生活垃圾经营性清扫、收集、运输、处置企业停业或者歇业前，落实保障及时清扫、收集、运输、处置城市生活垃圾的措施。

第三十六条　直辖市、市、县人民政府建设（环境卫生）主管部门应当会同有关部门制定城市生活垃圾清扫、收集、运输和处置应急预案，建立城市生活垃圾应急处理系统，确保紧急或者特殊情况下城市生活垃圾的正常清扫、收集、运输和处置。

从事城市生活垃圾经营性清扫、收集、运输和处置的企业，应当制定突发事件生活垃圾污染防范的应急方案，并报所在地直辖市、市、县人民政府建设（环境卫生）主管部门备案。

第三十七条　从事城市生活垃圾经营性清扫、收集、运输或者处置的企业应当按照国家劳动保护的要求和规定，改善职工的工作条件，采取有效措施，逐步提高职工的工资和福利待遇，做好职工的卫生保健和技术培训工作。

第六章 法律责任

第三十八条 单位和个人未按规定缴纳城市生活垃圾处理费的,由直辖市、市、县人民政府建设(环境卫生)主管部门责令限期改正,逾期不改正的,对单位可处以应交城市生活垃圾处理费三倍以下且不超过3万元的罚款,对个人可处以应交城市生活垃圾处理费三倍以下且不超过1000元的罚款。

第三十九条 违反本办法第十条规定,未按照城市生活垃圾治理规划和环境卫生设施标准配套建设城市生活垃圾收集设施的,由直辖市、市、县人民政府建设(环境卫生)主管部门责令限期改正,并可处以1万元以下的罚款。

第四十条 违反本办法第十二条规定,城市生活垃圾处置设施未经验收或者验收不合格投入使用的,由直辖市、市、县人民政府建设主管部门责令改正,处工程合同价款2%以上4%以下的罚款;造成损失的,应当承担赔偿责任。

第四十一条 违反本办法第十三条规定,未经批准擅自关闭、闲置或者拆除城市生活垃圾处置设施、场所的,由直辖市、市、县人民政府建设(环境卫生)主管部门责令停止违法行为,限期改正,处以1万元以上10万元以下的罚款。

第四十二条 违反本办法第十六条规定,随意倾倒、抛洒、堆放城市生活垃圾的,由直辖市、市、县人民政府建设(环境卫生)主管部门责令停止违法行为,限期改正,对单位处以5000元以上5万元以下的罚款。个人有以上行为的,处以200元以下的罚款。

第四十三条 违反本办法第十七条、第二十五条规定,未经批准从事城市生活垃圾经营性清扫、收集、运输或者处置活动的,由直辖市、市、县人民政府建设(环境卫生)主管部门责令停止违法行为,并处以3万元的罚款。

第四十四条 违反本办法规定,从事城市生活垃圾经营性清扫、收集、运输的企业在运输过程中沿途丢弃、遗撒生活垃圾的,由直辖市、市、县人民政府建设(环境卫生)卫生主管部门责令停止违法行为,限期改正,处以5000元以上5万元以下的罚款。

第四十五条 从事生活垃圾经营性清扫、收集、运输的企业不履行本办法第二十条规定义务的,由直辖市、市、县人民政府建设(环境卫生)主管部门责令限期改正,并可处以5000元以上3万元以下的罚款;城市生活垃圾经营性处置企业不履行本办法第二十八条规定义务的,由直辖市、市、县人民政府建设(环境卫生)主管部门责令限期改正,并可处以3万元以上10万元以下的罚款。造成损失的,依法承担赔偿责任。

第四十六条 违反本办法规定,从事城市生活垃圾经营性清扫、收集、运输的企业,未经批准擅自停业、歇业的,由直辖市、市、县人民政府建设(环境卫生)主管部门责令限期改正,并可处以1万元以上3万元以下罚款;从事城市生活垃圾经营性处置的企业,未经批准擅自停业、歇业的,由直辖市、市、县人民政府建设(环境卫生)主管部门责令限期改正,并可处以5万元以上10万元以下罚款。造成损失的,依法承担赔偿责任。

第四十七条 违反本办法规定的职权和程序,核发城市生活垃圾清扫、收集、运输、处理许可证的，由上级主管机关责令改正，并对其主管人员及其他直接责任人员给予行政处分；构成犯罪的，应当追究刑事责任。

国家机关工作人员在城市生活垃圾监督管理工作中，玩忽职守、滥用职权、徇私舞弊的，依法给予行政处分；构成犯罪的，依法追究刑事责任。

第七章 附 则

第四十八条 城市建筑垃圾的管理适用《城市建筑垃圾管理规定》（建设部令第139号）。

第四十九条 本办法的规定适用于从事城市生活垃圾非经营性清扫、收集、运输、处置的单位；但是，有关行政许可的规定以及第四十五条、第四十六条的规定除外。

第五十条 城市生活垃圾清扫、收集、运输服务许可证和城市生活垃圾处置服务许可证由国务院建设主管部门统一规定格式，省、自治区人民政府建设主管部门和直辖市人民政府建设（环境卫生）主管部门组织印制。

第五十一条 本办法自2007年7月1日起施行。1993年8月10日建设部颁布的《城市生活垃圾管理办法》（建设部令第27号）同时废止。

附 录

生活垃圾处理技术指南

建城〔2010〕61号
关于印发《生活垃圾处理技术指南》的通知

各省、自治区、直辖市、计划单列市住房和城乡建设厅（建委、建设局）、发展改革委、环境保护厅（局），北京市市政市容委，上海市绿化和市容管理局，天津市市容园林委，重庆市市政管委，新疆生产建设兵团建设局、发展改革委、环境保护局：

  为进一步提高我国生活垃圾无害化处理的能力和水平，指导各地选择适宜的生活垃圾处理技术路线，有序开展生活垃圾处理设施规划、建设、运行和监管工作，住房城乡建设部、国家发展改革委、环境保护部共同组织编写了《生活垃圾处理技术指南》，现印发给你们，请结合本地区实际情况参照执行。

中华人民共和国住房和城乡建设部
中华人民共和国国家发展和改革委员会
中华人民共和国环境保护部
二〇一〇年四月二十二日

生活垃圾处理是城市管理和公共服务的重要组成部分，是建设资源节约型和环境友好型社会，实施治污减排，确保城市公共卫生安全，提高人居环境质量和生态文明水平，实现城市科学发展的一项重要工作。

我国已颁布的《城市生活垃圾处理及污染防治技术政策》与我国经济发展水平相适应，符合国际生活垃圾处理技术发展方向，在其指导下，我国生活垃圾处理设施建设与处理水平有了较大提高。但是，随着我国经济社会的快速发展和城镇化进程的加快，城市人口不断增加，生活垃圾产生量持续上升同处理能力不足间的矛盾日益凸显，生活垃圾处理与管理工作面临严峻挑战。

为保障我国生活垃圾无害化处理能力的不断增强、无害化处理水平不断提高，指导各地选择适宜的生活垃圾处理技术路线，有序开展生活垃圾处理设施规划、建设、运行和监管，根据《中华人民共和国固体废物污染环境防治法》等相关法律法规、标准规范和技术政策，制定本指南。

1. 总则

1.1 基本要求

1.1.1 生活垃圾处理应以保障公共环境卫生和人体健康、防止环境污染为宗旨，遵循"减量化、资源化、无害化"原则。

1.1.2 应尽可能从源头避免和减少生活垃圾产生，对产生的生活垃圾应尽可能分类回收，实现源头减量。分类回收的垃圾应实施分类运输和分类资源化处理。通过不断提高生活垃圾处理水平，确保生活垃圾得到无害化处理和处置。

1.1.3 生活垃圾处理应统筹考虑生活垃圾分类收集、生活垃圾转运、生活垃圾处理设施建设、运行监管等重点环节，落实生活垃圾收运和处理过程中的污染控制，着力构建"城乡统筹、技术合理、能力充足、环保达标"的生活垃圾处理体系。

1.1.4　生活垃圾处理工作应纳入国民经济和社会发展计划，采取有利于环境保护和综合利用的经济、技术政策和措施，促进生活垃圾处理的产业化发展。

1.2　生活垃圾分类与减量

1.2.1　应通过加大宣传，提高公众的认识水平和参与积极性，扩大生活垃圾分类工作的范围和城市数量，大力推广生活垃圾源头分类。

1.2.2　将废纸、废金属、废玻璃、废塑料的回收利用纳入生活垃圾分类收集范畴，建立具有我国特色的生活垃圾资源再生模式，有效推进生活垃圾资源再生和源头减量。

1.2.3　鼓励商品生产厂家按国家有关清洁生产的规定设计、制造产品包装物，生产易回收利用、易处置或者在环境中可降解的包装物，限制过度包装，合理构建产品包装物回收体系，减少一次性消费产生的生活垃圾对环境的污染。

1.2.4　鼓励净菜上市、家庭厨余生活垃圾分类回收和餐厨生活垃圾单独收集处理，加强可降解有机垃圾资源化利用和无害化处理。

1.2.5　通过改变城市燃料结构，提高燃气普及率和集中供热率，减少煤灰垃圾产生量。

1.2.6　根据当地的生活垃圾处理技术路线，制定适合本地区的生活垃圾分类收集模式。生活垃圾分类收集应该遵循有利资源再生、有利防止二次污染和有利生活垃圾处理技术实施的原则。

1.3 生活垃圾收集与运输

1.3.1 加快建设与生活垃圾源头分类和后续处理相配套的分类收集和分类运输体系，推进生活垃圾收集和运输的数字化管理工作。

1.3.2 应实现密闭化生活垃圾收集和运输，防止生活垃圾暴露和散落，防止垃圾渗滤液滴漏，淘汰敞开式收集方式。

1.3.3 应逐步提高生活垃圾机械化收运水平，鼓励采用压缩式方式收集和运输生活垃圾。

1.3.4 应加强生活垃圾收运设施建设，重点是区域性大中型转运站建设。

1.3.5 拓展生活垃圾收运服务范围，加强县城和村镇生活垃圾的收集。

1.4 生活垃圾处理与处置

1.4.1 应结合当地的人口聚集程度、土地资源状况、经济发展水平、生活垃圾成分和性质等情况，因地制宜地选择生活垃圾处理技术路线，并应满足选址合理、规模适度、技术可行、设备可靠和可持续发展等方面的要求。

1.4.2 应在保证生活垃圾无害化处理的基础上，加强生活垃圾的分类处理和资源回收利用。单独收集的危险废物或处理过程中产生的危险废物应按国家有关规定处理。具备条件的城市可采用对多种处理技术集成进行生活垃圾综合处理，实现各种处理技术优势互补。规划和建设生活垃圾综合处理园区是节约土地资源、加强生活垃圾处理设施污染控制、全面提升生活垃圾处理水平的有效途径。

1.4.3 应依法对新建生活垃圾处理和处置的项目进行环境影响评价，符合国家规定的环境保护和环境卫生标准，从生活垃圾中回收的物质必须按照国家规定的用途或者标准使用。

1.4.4 应保障生活垃圾处理设施运行水平，确保污染物达标排放。运行单位应编制生产作业规程及运行管理手册并严格执行，按要求进行环境监测，做好安全生产工作。

1.4.5 加强设施运行监管，实现政府监管与社会监管相结合，技术监管与市场监管相结合，运行过程监管和污染排放监管相结合。

2. 生活垃圾处理技术的适用性

2.1 卫生填埋

2.1.1 卫生填埋技术成熟，作业相对简单，对处理对象的要求较低，在不考虑土地成本和后期维护的前提下，建设投资和运行成本相对较低。

2.1.2 卫生填埋占用土地较多，臭气不容易控制，渗滤液处理难度较高，生活垃圾稳定化周期较长，生活垃圾处理可持续性较差，环境风险影响时间长。卫生填埋场填满封场后需进行长期维护，以及重新选址和占用新的土地。

2.1.3 对于拥有相应土地资源且具有较好的污染控制条件的地区，可采用卫生填埋方式实现生活垃圾无害化处理。

2.1.4 采用卫生填埋技术，应通过生活垃圾分类回收、资源化处理、焚烧减量等多种手段，逐步减少进入卫生填埋场的生活垃圾量，特别是有机物数量。

2.2 焚烧处理

2.2.1 焚烧处理设施占地较省，稳定化迅速，减量效果明显，生活垃圾臭味控制相对容易，焚烧余热可以利用。

2.2.2 焚烧处理技术较复杂，对运行操作人员素质和运行监管水平要求较高，建设投资和运行成本较高。

2.2.3 对于土地资源紧张、生活垃圾热值满足要求的地区，可采用焚烧处理技术。

2.2.4 采用焚烧处理技术，应严格按照国家和地方相关标准处理焚烧烟气，并妥善处置焚烧炉渣和飞灰。

2.3 其他技术

2.3.1 其他技术主要包括生物处理、水泥窑协同处置等技术。

2.3.2 生物处理适用于处理可降解有机垃圾，如分类收集的家庭厨余垃圾、单独收集的餐厨垃圾、单独收集的园林垃圾等。对于进行分类回收可降解有机垃圾的地区，可采用适宜的生物处理技术。对于生活垃圾混合收集的地区，应审慎采用生物处理技术。

2.3.3 采用生物处理技术，应严格控制生物处理过程中产生的臭气，并妥善处置生物处理产生的污水和残渣。

2.3.4 经过分类的生活垃圾，可作为替代燃料进入城市附近大型水泥厂的新型干法水泥窑处理。

2.3.5 水泥窑协同处置要符合国家产业政策和准入条件，并按照相关标准严格控制污染物的产生和排放。

3. 生活垃圾处理设施建设技术要求

3.1 卫生填埋场

3.1.1 卫生填埋场的选址应符合国家和行业相关标准的要求。

3.1.2 卫生填埋场设计和建设应满足《生活垃圾卫生填埋技术规范CJJ17》、《生活垃圾卫生填埋处理工程项目建设标准》和《生活垃圾填埋场污染控制标准GB 16889》等相关标准的要求。

3.1.3 卫生填埋场的总库容应满足其使用寿命10年以上。

3.1.4 卫生填埋场必须进行防渗处理，防止对地下水和地表水造成污染，同时应防止地下水进入填埋区。鼓励采用厚度不小于1.5毫米的高密度聚乙烯膜作为主防渗材料。

3.1.5 填埋区防渗层应铺设渗滤液收集导排系统。卫生填埋场应设置渗滤液调节池和污水处理装置，渗滤液经处理达标后方可排放到环境中。调节池宜采取封闭等措施防止恶臭物质污染大气。

3.1.6 垃圾渗滤液处理宜采用"预处理–生物处理–深度处理和后处理"的组合工艺。在满足国家和地方排放标准的前提下，经充分的技术可靠性和经济合理性论证后也可采用其他工艺。

3.1.7 生活垃圾卫生填埋场应实行雨污分流并设置雨水集排水系统，以收集、排出汇水区内可能流向填埋区的雨水、上游雨水以及未填埋区域内未与生活垃圾接触的雨水。雨水集排水系统收集的雨水不得与渗滤液混排。

3.1.8 卫生填埋场必须设置有效的填埋气体导排设施，应对填埋气体进行回收和利用，严防填埋气体自然聚集、迁移引起的火灾和爆炸。卫生填埋场不具备填埋气体利用条件时，应导出进行集中燃烧处理。未达到安全稳定的旧卫生填埋场应完善有效的填埋气体导排和处理设施。

3.1.9 应确保生活垃圾填埋场工程建设质量。选择有相应资质的施工队伍和质量保证的施工材料，制定合理可靠的施工计划和施工质量控制措施，避免和减少由于施工造成的防渗系统的破损和失效。填埋场施工结束后，应在验收时对防渗系统进行完整检测，以发现破损并及时进行修补。

3.2 焚烧厂

3.2.1 生活垃圾焚烧厂选址应符合国家和行业相关标准的要求。

3.2.2 生活垃圾焚烧厂设计和建设应满足《生活垃圾焚烧处理工程技术规范 CJJ90》、《生活垃圾焚烧处理工程项目建设标准》和《生活垃圾焚烧污染控制标准 GB 18485》等相关标准以及各地地方标准的要求。

3.2.3 生活垃圾焚烧厂年工作日应为365日，每条生产线的年运行时间应在8000小时以上。生活垃圾焚烧系统设计服务期限不应低于20年。

3.2.4 生活垃圾池有效容积宜按5—7天额定生活垃圾焚烧量确定。生活垃圾池应设置垃圾渗滤液收集设施。生活垃圾池内壁和池底的饰面材料应满足耐腐蚀、耐冲击负荷、防渗水等要求，外壁及池底应作防水处理。

3.2.5 生活垃圾在焚烧炉内应得到充分燃烧，二次燃烧室内的烟气在不低于850℃的条件下滞留时间不小于2秒，焚烧炉渣热灼减率应控制在5%以内。

3.2.6 烟气净化系统必须设置袋式除尘器，去除焚烧烟气中的粉尘污染物。酸性污染物包括氯化氢、氟化氢、硫氧化物、氮氧化物等，应选用干法、半干法、湿法或其组合处理工艺对其进行去除。应优先考虑通过生活垃圾焚烧过程的燃烧控制，抑制氮氧化物的产生，并宜设置脱氮氧化物系统或预留该系统安装位置。

3.2.7 生活垃圾焚烧过程应采取有效措施控制烟气中二噁英的排放，具体措施包括：严格控制燃烧室内焚烧烟气的温度、停留时间与气流扰动工况；减少烟气在200℃—500℃温度区的滞留时间；设置活性炭粉等吸附剂喷入装置，去除烟气中的二噁英和重金属。

3.2.8 规模为300吨/日及以上的焚烧炉烟囱高度不得小于60米，烟囱周围半径200米距离内有建筑物时，烟囱应高出最高建筑物3米以上。

3.2.9 生活垃圾焚烧厂的建筑风格、整体色调应与周围环境相协调。厂房的建筑造型应简洁大方，经济实用。厂房的平面布置和空间布局应满足工艺及配套设备的安装、拆换与维修的要求。

4. 生活垃圾处理设施运行监管要求

4.1 卫生填埋场

4.1.1 填埋生活垃圾前应制订填埋作业计划和年、月、周填埋作业方案，实行分区域单元逐层填埋作业，控制填埋作业面积，实施雨污分流。合理控制生活垃圾摊铺厚度，准确记录作业机具工作时间或发动机工作小时数，填埋作业完毕后应及时覆盖，覆盖层应压实平整。运行、监测等各项记录应及时归档。

4.1.2 加强对进场生活垃圾的检查，对进场生活垃圾应登记其来源、性质、重量、车号、运输单位等情况，防止不符合规定的废物进场。

4.1.3 卫生填埋场运行应有灭蝇、灭鼠、防尘和除臭措施，并在卫生填埋场周围合理设置防飞散网。

4.1.4 产生的垃圾渗滤液应及时收集、处理，并达标排放，渗滤液处理设施应配备在线监测控制设备。

4.1.5 应保证填埋气体收集井内管道连接顺畅，填埋作业过程应注意保护气体收集系统。填埋气体及时导排、收集和处理，运行记录完整；填埋气体集中收集系统应配备在线监测控制设备。

4.1.6 填埋终止后，要进行封场处理和生态环境恢复，要继续导排和处理垃圾渗滤液和填理气体。

4.1.7 卫生填埋场稳定以前，应对地下水、地表水、大气进行定期监测。对排水井的水质监测频率应不少于每周一次，对污染扩散井和污染监视井的水质监测频率应不少于每2周一次，对本底井的水质监测频率应不少于每月一次；每天进行一次卫生填埋场区和填埋气体排放口的甲烷浓度监测；根据具体情况适时进行场界恶臭污染物监测。

4.1.8 卫生填理场稳定后，经监测、论证和有关部门审定后，确定是否可以对土地进行适宜的开发利用。

4.1.9 卫生填埋场运行和监管应符合《城市生活垃圾卫生填埋场运行维护技术规程 CJJ 93》、《生活垃圾填埋场污染控制标准 GB 16889》等相关标准的要求。

4.2 焚烧厂

4.2.1 卸料区严禁堆放生活垃圾和其他杂物,并应保持清洁。

4.2.2 应监控生活垃圾贮坑中的生活垃圾贮存量,并采取有效措施导排生活垃圾贮坑中的渗滤液。渗滤液应经处理后达标排放,或可回喷进焚烧炉焚烧。

4.2.3 应实现焚烧炉运行状况在线监测,监测项目至少包括焚烧炉燃烧温度、炉膛压力、烟气出口氧气含量和一氧化碳含量,应在显著位置设立标牌,自动显示焚烧炉运行工况的主要参数和烟气主要污染物的在线监测数据。当生活垃圾燃烧工况不稳定、生活垃圾焚烧锅炉炉膛温度无法保持在850℃以上时,应使用助燃器助燃。相关部门要组织对焚烧厂二噁英排放定期检测和不定期抽检工作。

4.2.4 生活垃圾焚烧炉应定时吹灰、清灰、除焦;余热锅炉应进行连续排污与定时排污。

4.2.5 焚烧产生的炉渣和飞灰应按照规定进行分别妥善处理或处置。经常巡视、检查炉渣收运设备和飞灰收集与贮存设备,并应做好出厂炉渣量、车辆信息的记录、存档工作。飞灰输送管道和容器应保持密闭,防止飞灰吸潮堵管。

4.2.6 对焚烧炉渣热灼减率至少每周检测一次,并作相应记录。焚烧飞灰属于危险废物,应密闭收集、运输并按照危险废物进行处置。经处理满足《生活垃圾填埋场污染控制标准GB 16889》要求的焚烧飞灰,可以进入生活垃圾填埋场处置。

4.2.7 烟气脱酸系统运行时应防止石灰堵管和喷嘴堵塞。袋式除尘器运行时应保持排灰正常,防止灰搭桥、挂壁、粘袋;

停止运行前去除滤袋表面的飞灰。活性炭喷入系统运行时应严格控制活性炭品质及当量用量，并防止活性炭仓高温。

4.2.8 处理能力在600吨/日以上的焚烧厂应实现烟气自动连续在线监测，监测项目至少应包括氯化氢、一氧化碳、烟尘、二氧化硫、氮氧化物等项目，并与当地环卫和环保主管部门联网，实现数据的实时传输。

4.2.9 应对沼气易聚集场所如料仓、污水及渗滤液收集池、地下建筑物内、生产控制室等处进行沼气日常监测，并做好记录；空气中沼气浓度大于1.25%时应进行强制通风。

4.2.10 各工艺环节采取臭气控制措施，厂区无明显臭味；按要求使用除臭系统，并按要求及时维护。

4.2.11 应对焚烧厂主要辅助材料（如辅助燃料、石灰、活性炭等）消耗量进行准确计量。

4.2.12 应定期检查烟囱和烟囱管，防止腐蚀和泄漏。

4.2.13 生活垃圾焚烧厂运行和监管应符合《生活垃圾焚烧厂运行维护与安全技术规程 CJJ 128》、《生活垃圾焚烧污染控制标准 GB 18485》等相关标准的要求。

城市生活垃圾处理及污染防治技术政策

关于发布《城市生活垃圾处理及污染防治技术政策》的通知

建城〔2000〕120号

各省、自治区、直辖市建委（建设厅）、环保局、科委，北京市市政管理委员会：

《城市生活垃圾处理及污染防治技术政策》已经审核批准，现印发给你们，请遵照执行。

中华人民共和国建设部
国家环境保护总局
中华人民共和国科学技术部
二〇〇〇年五月二十九日

一、总则

1.1 为了引导城市生活垃圾处理及污染防治技术发展，提高城市生活垃圾处理水平，防治环境污染，促进社会、经济和环境的可持续发展，根据《中华人民共和国固体废物污染环境防治法》和国家相关法律、法规，制定本技术政策。

1.2 城市生活垃圾（以下简称垃圾），是指在城市日常生活中或者为城市日常生活提供服务的活动中产生的固体废物以及法律、行政法规规定视为城市生活垃圾的固体废物。

1.3 本技术政策适用于垃圾从收集、运输，到处置全过程的管理和技术选择应用，指导垃圾处理设施的规划、立项、设计、建设、运行和管理，引导相关产业的发展。

1.4 应在城市总体规划和环境保护规划指导下，制订与垃圾处理相关的专业规划，合理确定垃圾处理设施布局和规模。有条件的地区，鼓励进行区域性设施规划和垃圾集中处理。

1.5 应按照减量化、资源化、无害化的原则，加强对垃圾产生的全过程管理，从源头减少垃圾的产生。对已经产生的垃圾，要积极进行无害化处理和回收利用，防止污染环境。

1.6 卫生填埋、焚烧、堆肥、回收利用等垃圾处理技术及设备都有相应的适用条件，在坚持因地制宜、技术可行、设备可靠、适度规模、综合治理和利用的原则下，可以合理选择其中之一或适当组合。在具备卫生填埋场地资源和自然条件适宜的城市，以卫生填埋作为垃圾处理的基本方案；在具备经济条件、垃圾热值条件和缺乏卫生填埋场地资源的城市，可发展焚烧处理技术；积极发展适宜的生物处理技术，鼓励采用综合处理方式。禁止垃圾随意倾倒和无控制堆放。

1.7 垃圾处理设施的建设应严格按照基本建设程序和环境影响评价的要求执行，加强垃圾处理设施的验收和垃圾处理设施运行过程中污染排放的监督。

1.8 鼓励垃圾处理设施建设投资多元化、运营市场化、设备标准化和监控自动化。鼓励社会各界积极参与垃圾减量、分类收集和回收利用。

1.9 垃圾处理技术的发展必须依靠科学技术进步，要积极研究新技术、应用新工艺、选用新设备和新材料，加强技术集成，逐步提高垃圾处理技术装备水平。

二、垃圾减量

2.1 限制过度包装，建立消费品包装物回收体系，减少一次性消费品产生的垃圾。

2.2 通过改变城市燃料结构，提高燃气普及率和集中供热率，减少煤灰垃圾产生量。

2.3 鼓励净菜上市，减少厨房残余垃圾产生量。

三、垃圾综合利用

3.1 积极发展综合利用技术，鼓励开展对废纸、废金属、废玻璃、废塑料等的回收利用，逐步建立和完善废旧物资回收网络。

3.2 鼓励垃圾焚烧余热利用和填埋气体回收利用，以及有机垃圾的高温堆肥和厌氧消化制沼气利用等。

3.3 在垃圾回收与综合利用过程中，要避免和控制二次污染。

四、垃圾收集和运输

4.1 积极开展垃圾分类收集。垃圾分类收集应与分类处理相结合，并根据处理方式进行分类。

4.2 垃圾收集和运输应密闭化，防止暴露、散落和滴漏。鼓励采用压缩式收集和运输方式。尽快淘汰敞开式收集和运输方式。

4.3 结合资源回收和利用，加强对大件垃圾的收集、运输和处理。

4.4 禁止危险废物进入生活垃圾。逐步建立独立系统，收集、运输和处理废电池、日光灯管、杀虫剂容器等。

五、卫生填埋处理

5.1 卫生填埋是垃圾处理必不可少的最终处理手段，也是现阶段我国垃圾处理的主要方式。

5.2 卫生填埋场的规划、设计、建设、运行和管理应严格按照《城市生活垃圾卫生填埋技术标准》、《生活垃圾填埋污染控制标准》和《生活垃圾填埋场环境监测技术标准》等要求执行。

5.3 科学合理地选择卫生填埋场场址，以利于减少卫生填埋对环境的影响。

5.4 场址的自然条件符合标准要求的，可采用天然防渗方式；不具备天然防渗条件的，应采用人工防渗技术措施。

5.5 场内应实行雨水与污水分流，减少运行过程中的渗沥水（渗滤液）产生量。

5.6 设置渗沥水收集系统，鼓励将经过适当处理的垃圾渗沥水排入城市污水处理系统。不具备上述条件的，应单独建设处理设施，达到排放标准后方可排入水体。渗沥水也可以进行回流处理，以减少处理量，降低处理负荷，加快卫生填埋场稳定化。

5.7 应设置填埋气体导排系统，采取工程措施，防止填埋气体侧向迁移引发的安全事故。尽可能对填埋气体进行回收和利用；对难以回收和无利用价值的，可将其导出处理后排放。

5.8 填埋时应实行单元分层作业，做好压实和每日覆盖。

5.9 填埋终止后，要进行封场处理和生态环境恢复，继续引导和处理渗沥水、填埋气体。在卫生填埋场稳定以前，应对地下水、地表水、大气进行定期监测。

5.10 卫生填埋场稳定后，经监测、论证和有关部门审定后，可以对土地进行适宜的开发利用，但不宜用作建筑用地。

六、焚烧处理

6.1 焚烧适用于进炉垃圾平均低位热值高于5000kJ/kg、卫生填埋场地缺乏和经济发达的地区。

6.2 垃圾焚烧目前宜采用以炉排炉为基础的成熟技术,审慎采用其它炉型的焚烧炉。禁止使用不能达到控制标准的焚烧炉。

6.3 垃圾应在焚烧炉内充分燃烧,烟气在后燃室应在不低于850℃的条件下停留不少于2秒。

6.4 垃圾焚烧产生的热能应尽量回收利用,以减少热污染。

6.5 垃圾焚烧应严格按照《生活垃圾焚烧污染控制标准》等有关标准要求,对烟气、污水、炉渣、飞灰、臭气和噪声等进行控制和处理,防止对环境的污染。

6.6 应采用先进和可靠的技术及设备,严格控制垃圾焚烧的烟气排放。烟气处理宜采用半干法加布袋除尘工艺。

6.7 应对垃圾贮坑内的渗沥水和生产过程的废水进行预处理和单独处理,达到排放标准后排放。

6.8 垃圾焚烧产生的炉渣经鉴别不属于危险废物的,可回收利用或直接填埋。属于危险废物的炉渣和飞灰必须作为危险废物处置。

七、堆肥处理

7.1 垃圾堆肥适用于可生物降解的有机物含量大于40%的垃圾。鼓励在垃圾分类收集的基础上进行高温堆肥处理。

7.2 高温堆肥过程要保证堆体内物料温度在55℃以上保持5—7天。

7.3 垃圾堆肥厂的运行和维护应遵循《城市生活垃圾堆肥

处理厂运行、维护及其安全技术规程》的规定。

7.4 垃圾堆肥过程中产生的渗沥水可用于堆肥物料水分调节。向外排放的，经处理应达到《污水综合排放标准》和《城市生活垃圾堆肥处理厂技术评价指标》要求。

7.5 应采取措施对堆肥过程中产生的臭气进行处理，达到《恶臭污染物排放标准》要求。

7.6 堆肥产品应符合《城镇垃圾农用控制标准》、《城市生活垃圾堆肥处理厂技术评价指标》及《粪便无害化卫生标准》有关规定，加强堆肥产品中重金属的检测和控制。

7.7 堆肥过程中产生的残余物可进行焚烧处理或卫生填埋处置。

全国城镇生活垃圾处理信息报告、核查和评估办法

住房和城乡建设部关于印发《全国城镇生活垃圾处理信息报告、核查和评估办法》的通知

建城〔2009〕26号

各省、自治区建设厅，直辖市市政管委（市容委），新疆生产建设兵团建设局：

为了贯彻落实《国务院关于印发节能减排综合性工作方案的通知》（国发〔2007〕15号）要求，加强对城镇生活垃圾处理设施建设和运行的管理与监督，住房和城乡建设部制定了《全国城镇生活垃圾处理信息报告、核查和评估办法》，现印发给你们，请认真贯彻执行。执行中的有关情况请及时与我部城市建设司联系。

中华人民共和国住房和城乡建设部
二〇〇九年二月二十四日

第一条 为加强城镇生活垃圾处理设施建设和运行的管理与监督，落实节能减排目标要求，根据国家有关法律法规规定和工作要求，制定本办法。

第二条 组织实施全国城镇生活垃圾处理设施建设、运行

的信息报告、核查、评估等工作,适用本办法。

本办法所指城镇生活垃圾处理设施(项目),是指设市城市(含区)、县城生活垃圾填埋场、堆肥厂、焚烧处理厂及其他处理方式的处理(场)(以下简称"生活垃圾处理厂")及生活垃圾中转站。

第三条　住房和城乡建设部负责"全国城镇生活垃圾处理管理信息系统"(以下简称信息系统)的平台建设,负责全国城镇生活垃圾处理项目建设和运营的信息分析、总体评估和通报工作,对各地相关工作进行指导、监督和专项督察。

住房和城乡建设部信息中心负责信息系统的建设、维护和升级,以及上报信息汇总分析和用户服务等工作。

各省、自治区、直辖市住房城乡建设(环卫)行政主管部门负责组织实施本行政区城镇生活垃圾处理的信息报告的督促、核查工作,并利用信息系统对本地区城镇生活垃圾处理情况进行分析和评估。

各城市和县人民政府的住房城乡建设(环卫)行政主管部门负责本地区城镇生活垃圾处理项目建设信息的统计、整理和上报,以及生活垃圾处理运营信息报告的核实和督促工作。

第四条　城镇生活垃圾处理设施建设、运行的信息报告、核查、评估等工作应当坚持全面覆盖、责任明确、上下联动、实事求是的原则,做到信息准确、渠道畅通、报送及时、核查规范、评估科学、调控有力。

第五条　信息系统的主要内容包括:

(一)城镇生活垃圾处理信息。重点报告城镇生活垃圾厂数量、生活垃圾转运站数量、生活垃圾清运量、处理量、处理方式、生活垃圾处理收费和运营投入等情况。

（二）规划、在建项目信息。重点报告规划项目规模、规划投资、进度以及已开工建设项目设计规模、处理方式、建设进度等情况。

（三）已投入运营项目信息。基本信息包括生活垃圾处理厂基本情况、处理方式、生活垃圾处理费标准等。运行信息包括垃圾处理量、渗滤液处理量、运行天数、运行成本等。

第六条　城镇住房城乡建设（环卫）行政主管部门负责城镇生活垃圾处理信息和在建项目信息的报告。城镇生活垃圾处理信息为月报，于每月10日前报送上月的信息，在建项目建设信息为季报，于每季度第一个月10日前报送上季度的信息。

城镇生活垃圾处理设施运营单位负责已投入运行项目信息的报告工作。项目运行信息为月报，于每月10日前报送上个月的信息。

省级住房城乡建设（环卫）行政主管部门应于每月15日前，完成对报送信息的核准工作，并在每年的7月20日和1月20日前，分别完成本地区内的城镇生活垃圾处理半年度和全年度评估上报工作。

城镇生活垃圾处理项目建设和运营信息报告的具体格式、内容，按照《全国城镇生活垃圾处理管理信息系统说明书》执行。

住房和城乡建设部信息中心负责对上报信息进行汇总分析。

第七条　各级住房城乡建设（环卫）行政主管部门和城镇生活垃圾处理项目运营单位应落实责任，明确专人负责信息报告工作。要按照"谁填报，谁负责；谁主管，谁落实"的原则，确保上报信息的及时、全面、准确。

住房和城乡建设部信息中心应做好系统维护，及时解决系统使用中出现的问题，提高系统使用效率。

第八条 各级住房城乡建设（环卫）主管部门要加强对城镇生活垃圾处理设施建设和运营信息的核查，核实信息的真实性、准确性，对信息中反映的问题及时进行督查，限期整改。

对生活垃圾渗滤液处理进行重点核查。各设市城市和县住房城乡建设（环卫）行政主管部门应建立或委托具有认证资格的监测机构，进行定期检测。

第九条 住房和城乡建设部将根据国家总体部署和工作进展情况，组织实施全国范围的或重点地区的城镇生活垃圾处理专项检查。

省级住房城乡建设（环卫）主管部门应建立核查工作制度，完善核查工作体系，并根据各地工作进展和国家要求组织对本区内的生活垃圾处理设施建设和运营情况进行不定期检查。

第十条 发挥行业协会的作用，组织城镇生活垃圾处理行业的交流和检查，开展运营单位绩效评价工作，建立行业自律和激励机制。

第十一条 在信息报告、核查的基础上，对城镇生活垃圾处理设施建设和运行情况及时做出全面评估。

评估的内容包括：根据规划，评估城镇生活垃圾处理设施建设进度、资金到位、政策落实等情况；根据国家规范、标准，评估生活垃圾处理设施运行的质量和效益。通过评估，总结经验，发现问题，提出对策。

第十二条 主要评估指标：

（一）城镇生活垃圾处理设施建成率：指已建成的城镇生活垃圾处理项目的数量/本辖区内规划确定的应建项目数量；同时对各地城镇生活垃圾处理设施建设的总体情况进行评估。以省、自治区、直辖市以及城市、县为评估单位。

（二）城镇生活垃圾无害化处理率：城镇生活垃圾处理厂无害化处理的生活垃圾总量占城镇生活垃圾清运量的百分比。以省、自治区、直辖市以及城市、县为评估单位。

（三）城镇生活垃圾处理设施运行情况：城镇生活垃圾无害化处理厂的运行总经费（含固定资产折旧）以垃圾处理厂为评估单位。

（四）城镇生活垃圾处理费收费标准，收费金额占运行经费的比率。以城市、县为评估单位。

第十三条 通过评估，对各省、自治区、直辖市，或重点流域、重点地区的城镇生活垃圾处理设施建设和运营情况进行排序；对生活垃圾处理设施运行情况做出简要绩效评价；对工作中出现的先进典型进行总结，对存在的共性问题进行分析，并提出整改建议。

第十四条 城镇生活垃圾处理设施建设和运营情况评估结论每半年通报一次。

根据通报，各级地方住房城乡建设（环卫）行政主管部门应当做出分析与说明，并向同级人民政府做出报告。

第十五条 住房和城乡建设部将评估情况及时与国家相关部门沟通，评估结论将作为国家对城镇生活垃圾处理项目支持的依据。对项目建设进度快、质量好、运营效果好的项目，住房和城乡建设部将建议相关部门予以资金和技术支持。

第十六条 存在以下问题的,由上级主管部门予以通报批评,必要时可向责任单位下发整改通知,限期进行整改。

(一)城镇生活垃圾处理设施建设进度慢,城镇生活垃圾无害化处理率低、生活垃圾处理费不能及时足额拨付的市、县。

(二)不按照本办法要求及时、准确报送数据或谎报、瞒报数据的生活垃圾处理运营单位。

第十七条 直接责任单位和相关部门应对整改通知进行专门研究,拿出具体措施和意见,并将整改情况向通知发出单位做出书面汇报。

对问题突出的地区或项目,有关主管部门应当组织进行专项督察。

第十八条 对于整改不力,造成严重影响和后果的,由上一级主管部门会同有关等部门对有关责任单位和责任人实施责任追究。

第十九条 本办法自颁布之日施行。

农村生活垃圾治理验收办法

住房城乡建设部等部门
关于印发农村生活垃圾治理验收办法的通知
建村〔2015〕195号

各省、自治区、直辖市住房城乡建设厅（建委、市政管委）、党委农村工作综合部门、文明办、发展改革委、财政厅（局）、环境保护厅（局），农业（农牧、农村经济厅〈局、委〉）、商务厅（委）、爱卫办、妇联：

根据《住房城乡建设部等部门关于全面推进农村垃圾治理的指导意见》（建村〔2015〕170号）要求，为做好农村生活垃圾治理验收工作，住房城乡建设部、中央农办、中央文明办、发展改革委、财政部、环境保护部、农业部、商务部、全国爱卫办、全国妇联组织制定了农村生活垃圾治理验收办法。现印发给你们，请遵照执行。

中华人民共和国住房和城乡建设部
中央农村工作领导小组办公室
中央精神文明建设指导委员会办公室
中华人民共和国国家发展和改革委员会
中华人民共和国财政部

中华人民共和国环境保护部
中华人民共和国农业部
中华人民共和国商务部
全国爱国卫生运动委员会办公室
中华全国妇女联合会
2015年12月3日

为做好农村生活垃圾治理验收工作，住房城乡建设部、中央农办、中央文明办、发展改革委、财政部、环境保护部、农业部、商务部、全国爱卫办、全国妇联（以下简称10部门）提出如下验收办法：

一、验收主体和对象

由10部门组织对各省（区、市）农村生活垃圾治理的验收。省级10部门可根据实际情况，依据本办法组织本行政区所辖的市、县农村生活垃圾治理验收工作。

二、验收内容、标准和依据

申请验收的省（区、市）应在5个方面达到5有标准，具体验收内容、标准和依据如下：

（一）有完备的设施设备。各县（市、区）农村生活垃圾治理及再生资源的收集、转运、处理设施基本完备，数量基本符合要求，运行基本正常，90%以上的行政村生活垃圾得到了收集、转运和处理。根据省、区、市农村生活垃圾收集、转运、处理设施的建设情况数据和全国农村人居环境信息系统进行评价。

（二）有成熟的治理技术。已建立符合农村实际的收集、转运和处理技术模式。处理工艺不存在严重的二次污染，基本无露天焚烧和无防渗措施的堆埋。根据省（区、市）农村生活垃圾收集、转运、处理设施的运行情况和全国农村人居环境信息系统进行评价。

（三）有稳定的保洁队伍。普遍建立村庄保洁制度，村庄保洁人员数量基本满足要求，队伍较为稳定。根据省、市、县人民政府或有关部门出台的文件进行评价。

（四）有完善的监管制度。省、市、县3级已建立领导亲自抓、多部门参与、目标明确、责任清晰的组织领导体系和考核机制；各级政府或相关部门制定了相关规划或实施方案；农民群众对农村生活垃圾治理的满意率达90%以上。根据省、市、县人民政府或有关部门出台的文件、第三方开展的群众满意度调查结果进行评价。

（五）有长效的资金保障。建立省级农村生活垃圾治理经费保障机制。因地制宜通过财政补助、社会帮扶、村镇自筹、村民适当缴费等方式筹集运行维护资金。在农村生活垃圾处理价格、收费未到位的情况下，地方政府安排经费支出，确保长效运行维护。根据省级、县级人民政府或有关部门出台的文件进行评价。

三、验收程序

（一）省级申请。省级10部门通过自检，认为本地区已有90%以上行政村的生活垃圾得到治理，经省级人民政府同意，可向住房城乡建设部提出验收申请。申请材料包括：

1. 验收申请函，其中省级自检报告作为申请函的附件。

2. 省委省政府及有关部门出台的相关文件，包括治理规划或实施方案、指导意见、法规标准等。

3. 省级农村生活垃圾治理工作基本情况，含组织领导体制、监督考核机制、资金投入、保洁队伍建立、农村生活垃圾收集运输处理等情况。

4. 各县（市、区）上一年度农村生活垃圾收运处理统计数据表：含总人口、乡镇总数、行政村总数、农村人口总数；农村生活垃圾清运总量、处理率；所有乡镇中转设施类型及数量、用于农村生活垃圾运输的车辆（不包括村内收集车辆）类型及数量、用于农村生活垃圾处理的设施类型及数量；农村保洁员数量；乡镇和村级可再生资源回收站点数量；农村生活垃圾治理总投入（建设费用来源和构成，运行费用来源和构成），农民缴费标准和年度缴费总额。

5. 本省（区、市）三年内未曾发生过因农村生活垃圾治理不当造成恶性影响事件的说明，由省级10部门共同出具。

（二）材料审查。10部门结合全国农村人居环境信息系统数据、省级报送的年度农村生活垃圾治理工作情况及其他相关数据，对申请验收的省（区、市）申报材料进行审查。信息系统、省级农村生活垃圾治理工作情况和10部门掌握的数据一致，且对生活垃圾进行处理的行政村比例达90%以上的省（区、市），可认定其通过材料审查。未通过材料审查的可提供补充资料。

（三）现场核查。对于通过材料审查的省（区、市），10部门将随机抽样一定数量的行政村进行现场核查。抽取的行政村覆盖该省（区、市）所有地级市，抽样总数量在50个以上，并随机确定对某个乡镇进行全覆盖检查。现场核查由独立第三方调查机构依据现场核查评价表（附后）确定的项目进行逐项取证，住房城乡建设部组织专家依据现场取证结果，逐村判断是否合格。申请验收省（区、市）有90%以上的抽样行政村判断为合格，方认定通过现场核查。

其中，独立第三方调查机构应有多个成功开展全国性调查的经验，有多项为中央和国家机关提供咨询和服务的案例，入村调查和实地暗访经验丰富，有整套科学的调查方法、严格的保密制度，责任心强，履约能力好，近三年无不良记录。

（四）综合审定。10部门成立评审组，依据"5有标准"对通过材料审查和现场核查的省（区、市）进行综合评审，得出是否通过综合审定的结论。对综合审定结论不合格的省（区、市），半年后方可按原申请程序重新申请验收。

四、结果公布

对通过材料审查、现场核查和综合审定的省（区、市），10部门将于每年年底按通过综合评审的时间顺序，公布当年度通过验收的省（区、市）名单。

五、验收管理

对已通过验收的省（区、市），10部门将组织不定期明查暗访，如发现明显的反弹现象，将给予通报批评，情节非常严重不再符合"5有标准"的，将从通过的验收名单中予以除名。

农村生活垃圾治理现场核查评价表（略）

生活垃圾分类制度实施方案

国务院办公厅关于转发国家发展改革委住房城乡建设部生活垃圾分类制度实施方案的通知

国办发〔2017〕26号

各省、自治区、直辖市人民政府，国务院各部委、各直属机构：

国家发展改革委、住房城乡建设部《生活垃圾分类制度实施方案》已经国务院同意，现转发给你们，请认真贯彻执行。

国务院办公厅

2017年3月18日

随着经济社会发展和物质消费水平大幅提高，我国生活垃圾产生量迅速增长，环境隐患日益突出，已经成为新型城镇化发展的制约因素。遵循减量化、资源化、无害化的原则，实施生活垃圾分类，可以有效改善城乡环境，促进资源回收利用，加快"两型社会"建设，提高新型城镇化质量和生态文明建设水平。为切实推动生活垃圾分类，根据党中央、国务院有关工作部署，特制定以下方案。

一、总体要求

（一）指导思想。全面贯彻党的十八大和十八届三中、四中、五中、六中全会精神，深入贯彻习近平总书记系列重要讲话精神和治国理政新理念新思想新战略，统筹推进"五位一体"总体布局和协调推进"四个全面"战略布局，牢固树立和贯彻落实创新、协调、绿色、开放、共享的发展理念，加快建立分类投放、分类收集、分类运输、分类处理的垃圾处理系统，形成以法治为基础、政府推动、全民参与、城乡统筹、因地制宜的垃圾分类制度，努力提高垃圾分类制度覆盖范围，将生活垃圾分类作为推进绿色发展的重要举措，不断完善城市管理和服务，创造优良的人居环境。

（二）基本原则。

政府推动，全民参与。落实城市人民政府主体责任，强化公共机构和企业示范带头作用，引导居民逐步养成主动分类的习惯，形成全社会共同参与垃圾分类的良好氛围。

因地制宜，循序渐进。综合考虑各地气候特征、发展水平、生活习惯、垃圾成分等方面实际情况，合理确定实施路径，有序推进生活垃圾分类。

完善机制，创新发展。充分发挥市场作用，形成有效的激励约束机制。完善相关法律法规标准，加强技术创新，利用信息化手段提高垃圾分类效率。

协同推进，有效衔接。加强垃圾分类收集、运输、资源化利用和终端处置等环节的衔接，形成统一完整、能力适应、协同高效的全过程运行系统。

（三）主要目标。到2020年底，基本建立垃圾分类相关法律法规和标准体系，形成可复制、可推广的生活垃圾分类模式，在实施生活垃圾强制分类的城市，生活垃圾回收利用率达到35%以上。

二、部分范围内先行实施生活垃圾强制分类

（一）实施区域。2020年底前，在以下重点城市的城区范围内先行实施生活垃圾强制分类。

1. 直辖市、省会城市和计划单列市。

2. 住房城乡建设部等部门确定的第一批生活垃圾分类示范城市，包括：河北省邯郸市、江苏省苏州市、安徽省铜陵市、江西省宜春市、山东省泰安市、湖北省宜昌市、四川省广元市、四川省德阳市、西藏自治区日喀则市、陕西省咸阳市。

3. 鼓励各省（区）结合实际，选择本地区具备条件的城市实施生活垃圾强制分类，国家生态文明试验区、各地新城新区应率先实施生活垃圾强制分类。

（二）主体范围。上述区域内的以下主体，负责对其产生的生活垃圾进行分类。

1. 公共机构。包括党政机关，学校、科研、文化、出版、广播电视等事业单位，协会、学会、联合会等社团组织，车站、机场、码头、体育场馆、演出场馆等公共场所管理单位。

2. 相关企业。包括宾馆、饭店、购物中心、超市、专业市场、农贸市场、农产品批发市场、商铺、商用写字楼等。

（三）强制分类要求。实施生活垃圾强制分类的城市要结合本地实际，于2017年底前制定出台办法，细化垃圾分类类别、品种、投放、收运、处置等方面要求；其中，必须将有害垃圾作为强制分类的类别之一，同时参照生活垃圾分类及其评价标准，再选择确定易腐垃圾、可回收物等强制分类的类别。未纳入分类的垃圾按现行办法处理。

1. 有害垃圾。

（1）主要品种。包括：废电池（镉镍电池、氧化汞电池、铅蓄电池等），废荧光灯管（日光灯管、节能灯等），废温度计，废血压计，废药品及其包装物，废油漆、溶剂及其包装物，废杀虫剂、消毒剂及其包装物，废胶片及废相纸等。

（2）投放暂存。按照便利、快捷、安全原则，设立专门场所或容器，对不同品种的有害垃圾进行分类投放、收集、暂存，并在醒目位置设置有害垃圾标志。对列入《国家危险废物名录》（环境保护部令第39号）的品种，应按要求设置临时贮存场所。

（3）收运处置。根据有害垃圾的品种和产生数量，合理确定或约定收运频率。危险废物运输、处置应符合国家有关规定。鼓励骨干环保企业全过程统筹实施垃圾分类、收集、运输和处置；尚无终端处置设施的城市，应尽快建设完善。

2. 易腐垃圾。

（1）主要品种。包括：相关单位食堂、宾馆、饭店等产生的餐厨垃圾，农贸市场、农产品批发市场产生的蔬菜瓜果垃圾、腐肉、肉碎骨、蛋壳、畜禽产品内脏等。

（2）投放暂存。设置专门容器单独投放，除农贸市场、农产品批发市场可设置敞开式容器外，其他场所原则上应采用密闭容器存放。餐厨垃圾可由专人清理，避免混入废餐具、塑料、饮料瓶罐、废纸等不利于后续处理的杂质，并做到"日产日清"。按规定建立台账制度（农贸市场、农产品批发市场除外），记录易腐垃圾的种类、数量、去向等。

（3）收运处置。易腐垃圾应采用密闭专用车辆运送至专业单位处理，运输过程中应加强对泄露、遗撒和臭气的控制。相关部门要加强对餐厨垃圾运输、处理的监控。

3. 可回收物。

（1）主要品种。包括：废纸，废塑料，废金属，废包装物，废旧纺织物，废弃电器电子产品，废玻璃，废纸塑铝复合包装等。

（2）投放暂存。根据可回收物的产生数量，设置容器或临时存储空间，实现单独分类、定点投放，必要时可设专人分拣打包。

（3）收运处置。可回收物产生主体可自行运送，也可联系再生资源回收利用企业上门收集，进行资源化处理。

三、引导居民自觉开展生活垃圾分类

城市人民政府可结合实际制定居民生活垃圾分类指南，引导居民自觉、科学地开展生活垃圾分类。前述对有关单位和企业实施生活垃圾强制分类的城市，应选择不同类型的社区开展居民生活垃圾强制分类示范试点，并根据试点情况完善地方性法规，逐步扩大生活垃圾强制分类的实施范围。本方案发布前已制定地方性法规、对居民生活垃圾分类提出强制要求的，从其规定。

（一）单独投放有害垃圾。居民社区应通过设立宣传栏、垃圾分类督导员等方式，引导居民单独投放有害垃圾。针对家庭源有害垃圾数量少、投放频次低等特点，可在社区设立固定回收点或设置专门容器分类收集、独立储存有害垃圾，由居民自行定时投放，社区居委会、物业公司等负责管理，并委托专业单位定时集中收运。

（二）分类投放其他生活垃圾。根据本地实际情况，采取灵活多样、简便易行的分类方法。引导居民将"湿垃圾"(滤出水分后的厨余垃圾)与"干垃圾"分类收集、分类投放。有条件的地方可在居民社区设置专门设施对"湿垃圾"就地处理,或由环卫部门、专业企业采用专用车辆运至餐厨垃圾处理场所,做到"日产日清"。鼓励居民和社区对"干垃圾"深入分类,将可回收物交由再生资源回收利用企业收运和处置。有条件的地区可探索采取定时定点分类收运方式,引导居民将分类后的垃圾直接投入收运车辆,逐步减少固定垃圾桶。

四、加强生活垃圾分类配套体系建设

(一)建立与分类品种相配套的收运体系。完善垃圾分类相关标志,配备标志清晰的分类收集容器。改造城区内的垃圾房、转运站、压缩站等,适应和满足生活垃圾分类要求。更新老旧垃圾运输车辆,配备满足垃圾分类清运需求、密封性好、标志明显、节能环保的专用收运车辆。鼓励采用"车载桶装"等收运方式,避免垃圾分类投放后重新混合收运。建立符合环保要求、与分类需求相匹配的有害垃圾收运系统。

(二)建立与再生资源利用相协调的回收体系。健全再生资源回收利用网络,合理布局布点,提高建设标准,清理取缔违法占道、私搭乱建、不符合环境卫生要求的违规站点。推进垃圾收运系统与再生资源回收利用系统的衔接,建设兼具垃圾分类与再生资源回收功能的交投点和中转站。鼓励在公共机构、社区、企业等场所设置专门的分类回收设施。建立再生资源回收利用信息化平台,提供回收种类、交易价格、回收方式等信息。

(三)完善与垃圾分类相衔接的终端处理设施。加快危险废物处理设施建设，建立健全非工业源有害垃圾收运处理系统，确保分类后的有害垃圾得到安全处置。鼓励利用易腐垃圾生产工业油脂、生物柴油、饲料添加剂、土壤调理剂、沼气等，或与秸秆、粪便、污泥等联合处置。已开展餐厨垃圾处理试点的城市，要在稳定运营的基础上推动区域全覆盖。尚未建成餐厨（厨余）垃圾处理设施的城市，可暂不要求居民对厨余"湿垃圾"单独分类。严厉打击和防范"地沟油"生产流通。严禁将城镇生活垃圾直接用作肥料。加快培育大型龙头企业，推动再生资源规范化、专业化、清洁化处理和高值化利用。鼓励回收利用企业将再生资源送钢铁、有色、造纸、塑料加工等企业实现安全、环保利用。

（四）探索建立垃圾协同处置利用基地。统筹规划建设生活垃圾终端处理利用设施，积极探索建立集垃圾焚烧、餐厨垃圾资源化利用、再生资源回收利用、垃圾填埋、有害垃圾处置于一体的生活垃圾协同处置利用基地，安全化、清洁化、集约化、高效化配置相关设施，促进基地内各类基础设施共建共享，实现垃圾分类处理、资源利用、废物处置的无缝高效衔接，提高土地资源节约集约利用水平，缓解生态环境压力，降低"邻避"效应和社会稳定风险。

五、强化组织领导和工作保障

（一）加强组织领导。省级人民政府、国务院有关部门要加强对生活垃圾分类工作的指导，在生态文明先行示范区、卫生城市、环境保护模范城市、园林城市和全域旅游示范区等创建活动中，逐步将垃圾分类实施情况列为考核指标；因地制宜探索农村生活垃圾分类模式。实施生活垃圾强制分类的城市人民政府要切实承担主体责任，建立协调机制，研究解决重大问题，分工负责推进相关工作；要加强对生活垃圾强制分类实施情况的监督检查和工作考核，向社会公布考核结果，对不按要求进行分类的依法予以处罚。

（二）健全法律法规。加快完善生活垃圾分类方面的法律制度，推动相关城市出台地方性法规、规章，明确生活垃圾强制分类要求，依法推进生活垃圾强制分类。发布生活垃圾分类指导目录。完善生活垃圾分类及站点建设相关标准。

（三）完善支持政策。按照污染者付费原则，完善垃圾处理收费制度。发挥中央基建投资引导带动作用，采取投资补助、贷款贴息等方式，支持相关城市建设生活垃圾分类收运处理设施。严格落实国家对资源综合利用的税收优惠政策。地方财政应对垃圾分类收运处理系统的建设运行予以支持。

（四）创新体制机制。鼓励社会资本参与生活垃圾分类收集、运输和处理。积极探索特许经营、承包经营、租赁经营等方式，通过公开招标引入专业化服务公司。加快城市智慧环卫系统研发和建设，通过"互联网+"等模式促进垃圾分类回收系统线上平台与线下物流实体相结合。逐步将生活垃圾强制分类主体纳入环境信用体系。推动建设一批以企业为主导的生活垃圾资源化产业技术创新战略联盟及技术研发基地，提升分类回收和处理水平。通过建立居民"绿色账户"、"环保档案"等方式，对正确分类投放垃圾的居民给予可兑换积分奖励。探索"社工+志愿者"等模式，推动企业和社会组织开展垃圾分类服务。

（五）动员社会参与。树立垃圾分类、人人有责的环保理念，积极开展多种形式的宣传教育，普及垃圾分类知识，引导公众从身边做起、从点滴做起。强化国民教育，着力提高全体学生的垃圾分类和资源环境意识。加快生活垃圾分类示范教育基地建设，开展垃圾分类收集专业知识和技能培训。建立垃圾分类督导员及志愿者队伍，引导公众分类投放。充分发挥新闻媒体的作用，报道垃圾分类工作实施情况和典型经验，形成良好社会舆论氛围。

"十三五"全国城镇生活垃圾无害化处理设施建设规划

国家发展改革委 住房城乡建设部关于印发
《"十三五"全国城镇生活垃圾无害化处理设施建设规划》的通知

发改环资〔2016〕2851号

各省、自治区、直辖市及计划单列市、新疆生产建设兵团、黑龙江农垦总局发展改革委，各省、自治区住房城乡建设厅、北京市城市管理委、天津市市容园林委、上海市绿化市容局、重庆市市政委，计划单列市城市管理局（市政公用局、城市建设局、市政园林局）：

为统筹推进"十三五"全国城镇生活垃圾无害化处理设施建设工作，我们编制完成了《"十三五"全国城镇生活垃圾无害化处理设施建设规划》，现印发你们，请按照执行。

附件："十三五"全国城镇生活垃圾无害化处理设施建设规划

国家发展改革委
住房城乡建设部
2016年12月31日

城镇生活垃圾无害化处理设施是城镇发展不可或缺的基础设施，是人民安全健康生活的重要保障。"十二五"以来，在国务院相关部门和地方各级人民政府的大力推动下，各地加大资金投入，城镇生活垃圾无害化处理工作取得了重大进展，垃圾收运体系日趋完善，处理设施数量和能力快速增长，生活垃圾无害化处理率显著提高。截至2015年，全国设市城市和县城生活垃圾无害化处理能力达到75.8万吨/日，比2010年增加30.1万吨/日，生活垃圾无害化处理率达到90.2%，其中设市城市94.1%，县城79.0%，超额完成"十二五"规划确定的无害化处理率目标。但同时也应看到，随着城镇化的快速发展和人民生活水平日益提高，我国城镇生活垃圾清运量仍在快速增长，生活垃圾无害化处理能力和水平仍相对不足，大部分建制镇的生活垃圾难以实现无害化处理，垃圾回收利用率有待提高。为此，"十三五"期间应按照公共服务均等化的要求，继续加大生活垃圾无害化处理能力建设，提升运营管理水平，拓展服务范围，加快垃圾收运处理领域的市场化进程，推进生活垃圾源头分类，提高资源化利用水平，最终实现垃圾的减量化、资源化和无害化。

一、总体要求

（一）指导思想

深入贯彻党的十八大和十八届三中、四中、五中、六中全会精神，以创新、协调、绿色、开放、共享的发展理念为指导，按照生态文明建设总体要求，加快推进城镇生活垃圾无害化处理设施建设，提升运营管理水平，推动生活垃圾分类，促进城乡公共资源均衡配置，为不断改善城镇人居环境，提升生态文明建设水平奠定良好基础。

（二）基本原则

统筹规划，拓展范围。合理规划设施建设，在设市城市和县城重点布局处理设施，推动共建共享。统筹建设城市、县城、建制镇的生活垃圾收运体系，将生活垃圾无害化处理能力覆盖到建制镇。

因地制宜，强化监管。针对不同地区实际情况，提前规划、科学论证，选择先进适用技术，减少原生垃圾填埋量，加大生活垃圾处理设施污染防治和改造升级力度，加强运营管理和监督，保障处理设施安全、达标、稳定运行。

分类回收，促进利用。积极推动生活垃圾分类，因地制宜制定分类办法，完善体制机制，建立分类投放、回收、运输、处理相衔接的全过程管理体系，促进生活垃圾回收网络与再生资源回收网络衔接，实现源头减量和资源的最大化利用。

创新驱动，多元协同。大力推行 PPP、特许经营和环境污染第三方治理等模式，鼓励各类社会资本积极参与城镇垃圾无害化处理设施的投资、建设和经营。以科技创新为动力，不断提高生活垃圾减量化、资源化和无害化处理水平。

（三）主要目标

——到 2020 年底，直辖市、计划单列市和省会城市（建成区）生活垃圾无害化处理率达到 100%；其他设市城市生活垃圾无害化处理率达到 95% 以上，县城（建成区）生活垃圾无害化处理率达到 80% 以上，建制镇生活垃圾无害化处理率达到 70% 以上，特殊困难地区可适当放宽。

——到 2020 年底，具备条件的直辖市、计划单列市和省会城市（建成区）实现原生垃圾"零填埋"，建制镇实现生活垃圾无害化处理能力全覆盖。

——到2020年底，设市城市生活垃圾焚烧处理能力占无害化处理总能力的50%以上，其中东部地区达到60%以上。

——到2020年底，直辖市、计划单列市和省会城市生活垃圾得到有效分类；生活垃圾回收利用率达到35%以上，城市基本建立餐厨垃圾回收和再生利用体系。

——到2020年底，建立较为完善的城镇生活垃圾处理监管体系。

二、主要任务

（一）加快处理设施建设

1. 建设任务。合理布局生活垃圾处理设施，尚不具备处理能力的设市城市和县城要在2018年前具备无害化处理能力。建制镇产生的生活垃圾就近纳入县级或市级垃圾处理设施集中处理，原则上建制镇不单独建设处理设施（距离县市较远的建制镇可视具体情况另行考虑）。加快现有设施的改造升级，逐步缩小地区间生活垃圾处理水平差距，加快建立与生活垃圾分类衔接的无害化处理设施。

"十三五"期间，全国规划新增生活垃圾无害化处理能力50.97万吨/日（包含"十二五"续建12.9万吨/日），设市城市生活垃圾焚烧处理能力占无害化处理总能力的比例达到50%，东部地区达到60%。

2. 建设要求。坚持资源化优先，因地制宜选择安全可靠、先进环保、省地节能、经济适用的处理技术，严格按照相关建设、技术和环保标准进行设施建设，配备完善的污染控制及监控设施。对不达标设施，尽快开展技术改造或关停。

经济发达地区和土地资源短缺、人口基数大的城市，优先采用焚烧处理技术，减少原生垃圾填埋量。建设焚烧处理设施的同时要考虑垃圾焚烧残渣、飞灰处理处置设施的配套。鼓励相邻地区通过区域共建共享等方式建设焚烧残渣、飞灰集中处理处置设施。卫生填埋处理技术作为生活垃圾的最终处置方式，是各地必须具备的保障手段，重点用于填埋焚烧残渣和达到豁免条件的飞灰以及应急使用，剩余库容宜满足该地区10年以上的垃圾焚烧残渣及生活垃圾填埋处理要求。不鼓励建设处理规模小于300吨/日的焚烧处理设施和库容小于50万立方米的填埋设施。渗滤液处理设施要与垃圾处理设施同时设计、同时施工、同时投入使用，也可考虑与当地污水处理厂协同处置。在充分论证的基础上，按照《生活垃圾处理技术指南》的要求，条件具备的地区，可开展水泥窑协同处理、飞灰减量化、分类后有机垃圾生物处理等试点示范。

（二）完善垃圾收运体系

1. 建设任务。城市建成区应实现生活垃圾全收集，建制镇应建立完善的生活垃圾收运系统，交通便利、经济发达地区要通过以城带乡等多种渠道进一步扩大生活垃圾收集覆盖面，加大收集力度。

建立与生活垃圾分类、回收利用和无害化处理等相衔接的收运体系。结合垃圾分类工作的开展，积极构建"互联网+资源回收"新模式，打通生活垃圾回收网络与再生资源回收网络通道，整合回收队伍和设施，实现"两网融合"。"十三五"期间，新增收运能力44.22万吨/日。

2. 建设要求。统筹布局生活垃圾转运站，淘汰敞开式收运设施，减少生活垃圾收运过程中的二次污染。加强生活垃圾转运站升级改造，在城市建成区推广密闭压缩式收运方式，大中型城市要在"十三五"期间全部实现密闭化收运。

特大城市和大城市要按标准建设与处理设施相配套的大中型垃圾转运站，按照转运量与运输距离合理配置收运车辆，鼓励区域内车辆统筹，可考虑采用第三方外包方式运输。建制镇要根据地区人口、垃圾产生情况以及收集频次合理配备垃圾收运设施。研究运用物联网技术探索路线优化、成本合理、高效环保的收运新模式。开展生活垃圾分类的城市，应配备满足分类品种需求、密封性好、标识明显、节能环保的专用收运车辆，有效保障城市生活垃圾的分类收集和运输。

（三）加大存量治理力度

1. 建设任务。对因历史原因形成的非正规生活垃圾堆放点、不达标生活垃圾处理设施以及库容饱和的填埋场进行治理，使其达到标准规范要求。非正规生活垃圾堆放点整治，要在环境评估的基础上，优先开展水源地、城乡结合部等重点区域的治理工作。对于渗滤液处理不达标的生活垃圾处理设施，要尽快开展改造工作，未建渗滤液处理设施的要在两年内完成建设；对具有填埋气体收集利用价值的填埋场，开展填埋气体收集利用及再处理工作；对于库容饱和的填埋处理设施，应按照相关要求规范封场。在确保安全环保的前提下，可考虑对库容饱和的填埋场土地开展复合利用。"十三五"期间，预计实施存量治理项目803个。

2. 建设要求。非正规生活垃圾堆放点的治理，应结合其规模、设施状况、场址地质构造、周边环境条件、修复后用途等，因地制宜制定治理方案，对堆体整形、填埋气收集与处理、封场覆盖、地表水控制、渗滤液收集处理和其他附属工程等提出措施。在不达标处理设施的升级改造和库容饱和的垃圾填埋场封场过程中，应设置有效的渗滤液收集导排设施，并及时收集利用填埋气，减少温室气体排放。

（四）推进餐厨垃圾资源化利用与无害化处理

1. 建设任务。继续推进餐厨垃圾无害化处理和资源化利用能力建设，根据各地餐厨垃圾产生量及分布等因素，统筹安排、科学布局，鼓励使用餐厨垃圾生产油脂、沼气、有机肥、土壤改良剂、饲料添加剂等。鼓励餐厨垃圾与其他有机可降解垃圾联合处理。到"十三五"末，力争新增餐厨垃圾处理能力3.44万吨/日，城市基本建立餐厨垃圾回收和再生利用体系。

2. 建设要求。根据当地餐厨垃圾产生规模、组分和理化性质，科学选择成熟可靠的处理工艺路线和技术设备，可选择肥料化、饲料化（饲料添加剂）、能源化等工艺，工艺选择须符合《餐厨垃圾处理技术规范》等要求。建立台账登记制度，提高餐厨垃圾集中收集率和收运体系覆盖率。按规定及时收运餐厨垃圾，防止餐厨垃圾收运过程产生环境污染。强化产品应用管控，加强对餐厨垃圾资源化利用产品的质量监管和流向监控，严格规范餐厨垃圾肥料化和饲料化产品的销售、使用。

（五）推行生活垃圾分类

1. 建设任务。大力推动生活垃圾分类，结合各地实际，合理确定垃圾分类范围、品种、要求、方法、收运方式，形成统一完整、协同高效的垃圾分类收集、运输、资源化利用和终端处置的全过程管理体系。科学设定垃圾分类类别,鼓励对厨余等易腐垃圾进行单独分类。完善垃圾分类与再生资源回收投放点,建立分类回收与废旧物资回收相结合的管理和运作模式。

2. 建设要求。开展垃圾分类的城市要结合现有终端处理设施,确定切实可行的生活垃圾分类方法,按照先易后难、循序渐进的原则大力推进。垃圾分类设施要与回收利用、收集运输、处理处置系统衔接匹配。厨余等易腐垃圾宜采用生物处理技术。整合生活垃圾回收网络与再生资源回收网络,加强对低价值可回收物回收利用企业的政策扶持,促进垃圾分类从粗分到细分的提升,达到生活垃圾减量、再生资源增量的目的。

(六)加强监管能力建设

1. 建设任务。应充分利用数字化城市管理信息系统和市政公用设施监管系统,完善生活垃圾处理设施建设、运营和排放监管体系。加强对生活垃圾焚烧处理设施主要污染物的在线监控,监控频次和要求要严格按照国家标准规范执行。

2. 建设要求。加强城镇生活垃圾无害化处理设施建设和运营信息统计。重点推进对焚烧厂主要设施运行状况等的实时监控。加强对焚烧设施烟气排放情况、焚烧飞灰处置达标情况、卫生填埋场渗滤液渗漏情况、填埋气体排放情况的监测以及填埋场监测井的管理和维护。

三、投资估算和资金筹措

(一)投资估算

"十三五"期间全国城镇生活垃圾无害化处理设施建设总投资约2518.4亿元。其中,无害化处理设施建设投资1699.3亿元，收运转运体系建设投资 257.8 亿元，餐厨垃圾专项工程投资 183.5 亿元，存量整治工程投资 241.4 亿元，垃圾分类示范工程投资 94.1 亿元，监管体系建设投资 42.3 亿元。

（二）资金筹措

切实落实地方各级人民政府主体责任，加大投入力度，建立稳定的资金渠道，确保完成规划确定的各项建设任务。同时，积极引导并鼓励各类社会资本参与垃圾处理设施的建设，国家将根据规划任务和建设重点，继续对设施建设予以适当支持，重点支持采用焚烧等资源化处理技术的设施和贫困地区处理设施建设。对暂未引入市场机制运作的城镇垃圾处理设施，要进行政策扶持、投资引导、适度补贴，保障设施的建设和运营。

四、保障措施

（一）完善法规标准

建立健全生活垃圾处理相关法律法规，完善相关标准体系。研究完善城镇生活垃圾处理统计指标体系。研究提出垃圾焚烧处理设施建设项目环境社会风险防范与化解工作指南，做好防范和化解社会风险工作。研究制定餐厨垃圾资源化利用条例。制定生活垃圾分类目录和细则，完善生活垃圾分类、回收利用、收集运输、设施建设等相关标准和规范。

（二）加大政策支持

完善垃圾处理收费制度。各地根据经济发展情况，合理确定收费标准，有条件的地区收费标准应覆盖垃圾收集、清运及处理处置成本。积极探索计量化、差别化收费方式。落实对垃圾处理相关企业税收优惠政策。加强生活垃圾处理设施和监测设施运行的经费保障，征收的生活垃圾处理费全部专项用于生活垃圾处理设施和监测设施的建设和运营,在征收的处理费无法满足处理和监测设施正常运行时,地方政府要积极采取措施适当补偿。各地要对生活垃圾处理设施建设的规模、布局和用地进行统筹安排并组织编制专项规划,纳入土地利用总体规划、城市(镇)总体规划和近期建设规划。

(三)建立多元机制

加快生活垃圾处理产业化发展、社会化运作,建立多元化投入机制。完善以公共财政为主导的城镇垃圾处理设施建设投资体制,逐步形成"政府引导、社会参与、市场运作"的多元化投资机制。鼓励跨地区、跨部门的合作,培育和发展专业化、规模化的垃圾处理企业,进一步完善市场准入制度。加快政府和社会资本合作(PPP)模式在生活垃圾处理领域的应用。

(四)强化创新引领

把生活垃圾处理技术纳入国家相关科技支撑计划,加强对垃圾资源化利用、分类处理、清洁焚烧、二噁英控制、飞灰安全处置等关键性技术和标准的研究。加快生活垃圾处理技术创新、示范和推广应用,组织实施关键技术与设备研发及关键装备产业化示范工程。加快利用先进适用技术改造现有生活垃圾处理设施,积极推广"互联网+资源回收"等新模式。围绕生活垃圾处理和监测设施的建设、运营管理,加强专业技术人才、管理人才建设培养,大力发展职业教育和岗前、岗中职业培训,提高从业人员的文化水平和职业技能水平。

(五)加强宣传引导

综合运用传统媒体和新媒体手段,搭建多层次多方位的信息渠道,大力宣传城镇生活垃圾处理的各项政策措施及其成效,及时全面客观报道有关信息，形成有利于推进城镇生活垃圾处理工作的舆论氛围。积极开展多种形式的宣传教育，倡导绿色健康的生活方式，普及垃圾分类的科学知识，推进生活垃圾分类和回收利用，引导全民树立"垃圾减量从我做起、垃圾管理人人有责"的观念。强化国民教育，着力提高全体学生的垃圾分类和资源环境意识。

（六）强化监督管理

落实党政领导干部生态环境损害责任追究办法，提高地方政府领导责任意识。强化垃圾处理设施运行监管，对故意编造、篡改排污数据的违法企业，依法加大处罚力度。推动垃圾处理设施建设和运营信息公开，垃圾处理设施运营单位应依法向社会公开主要污染物名称和排放浓度等信息，制定应急预案，有效应对设施故障等突发事件。对垃圾渗滤液、焚烧烟气等监测不达标的处理设施，依法及时关停整顿。严格按照危险废物管理制度要求，加强对飞灰产生、利用和处置的执法监管。加强公众监督，完善公众参与和政府决策机制，健全居民诉求表达、受理调查和解决回复等机制。

五、规划组织实施

城镇生活垃圾无害化处理设施建设工作由省级人民政府负总责，市、县级人民政府负责具体实施。各省（区、市）和计划单列市人民政府要制定本地区城镇生活垃圾无害化处理设施建设规划，对所属城市人民政府实行目标责任制管理，加强监督指导。要将《规划》执行情况作为市、县级人民政府目标责任考核和领导干部综合评价的重要内容。重点流域有关省（区、市）和计划单列市人民政府有关部门在《规划》实施过程中要加强与《"十三五"重点流域水环境综合治理建设规划》衔接。

  有关部门要各司其职，加强协调、密切配合，共同研究制定有利于《规划》执行的相关政策和措施。发展改革委将继续安排城镇污水垃圾处理设施建设专项中央预算内投资支持设施建设。住房城乡建设部将对各地实施《规划》加强指导。发展改革委、住房城乡建设部将加强对《规划》实施情况的评估和监督检查，推动规划各项任务顺利实施。

  附表1："十二五"全国城镇生活垃圾处理主要指标实现情况（略）

  附表2："十三五"全国城镇生活垃圾处理设施规模单位：万吨/日（略）

  附表3："十三五"全国城镇生活垃圾处理设施采用技术情况（略）

  附表4："十三五"新增收运设施、存量治理和餐厨垃圾处理设施规模（略）

  附表5："十三五"全国城镇生活垃圾无害化处理设施建设投资（单位：亿元）（略）

住房城乡建设部办公厅关于开展第一批农村生活垃圾分类和资源化利用示范工作的通知

建办村函〔2017〕390号

各省、自治区、直辖市住房城乡建设厅（建委），北京市城市管理委员会，天津市农村工作委员会，上海市绿化和市容管理局，重庆市市政管理委员会，新疆生产建设兵团建设局：

按照《住房城乡建设部等部门关于全面推进农村垃圾治理的指导意见》（建村〔2015〕170号）和《住房城乡建设部关于推广金华市农村生活垃圾分类和资源化利用经验的通知》（建村函〔2016〕297号）要求，在各地推荐基础上，经组织专家复核，决定在北京市门头沟区等100个县（市、区）开展第一批农村生活垃圾分类和资源化利用示范工作（名单附后）。

开展示范的县（市、区）要在2017年确定符合本地实际的农村生活垃圾分类方法，并在半数以上乡镇进行全镇试点，两年内实现农村生活垃圾分类覆盖所有乡镇和80%以上的行政村，并在经费筹集、日常管理、宣传教育等方面建立长效机制。

各省级住房城乡建设部门要及时总结有关县（市、区）可借鉴、可复制的典型经验并进行推广，到2020年底前在具备条件的县（市、区）普遍开展农村生活垃圾分类和资源化利用工作。

  我部将对各地农村生活垃圾分类和资源化利用工作开展督促、检查和指导。到 2020 年底前每年组织一批县（市、区）开展农村生活垃圾分类和资源化利用示范工作。对工作进展明显、成效突出、模式成熟的示范，召开现场会推广其经验，并组织中央媒体进行集中宣传报道，相关经验将纳入有关国家标准或技术指南等文件。

  附件：第一批农村生活垃圾分类和资源化利用示范县（区、市）名单

中华人民共和国住房和城乡建设部办公厅
2017 年 6 月 6 日

附件：

第一批农村生活垃圾分类和资源化利用示范县（区、市）名单

一、北京市（3个）

门头沟区

怀柔区

延庆区

二、河北省（2个）

邯郸市邱县

保定市满城区

三、山西省（3个）

长治市长子县

晋中市灵石县

忻州市岢岚县

四、内蒙古自治区（4个）

包头市九原区

鄂尔多斯市伊金霍洛旗

兴安盟阿尔山市

阿拉善盟阿拉善左旗

五、辽宁省（4个）

抚顺市新宾满族自治县

丹东市东港市

辽阳市辽阳县

盘锦市大洼区

六、吉林省（4个）

辽源市东辽县

通化市通化县

白山市抚松县

白城市镇赉县

七、上海市（3个）

松江区

奉贤区

崇明区

八、江苏省（3个）

南京市高淳区

徐州市沛县

泰州市高港区

九、浙江省（7个）

宁波市象山县

嘉兴市海盐县

湖州市德清县

湖州市安吉县

金华市金东区

金华市浦江县

衢州市江山市

十、安徽省（6个）

合肥市巢湖市

马鞍山市和县

淮北市相山区

滁州市来安县

滁州市全椒县

宣城市宁国市

十一、福建省（2个）

三明市明溪县

漳州市长泰县

十二、江西省（3个）

九江市瑞昌市

赣州市崇义县

宜春市靖安县

十三、山东省（7个）

淄博市博山区

枣庄市市中区

济宁市邹城市

泰安市肥城市

临沂市费县

聊城市冠县

菏泽市郓城县

十四、河南省（5个）

郑州市新密市

许昌市禹州市

济源市

兰考县

汝州市

十五、湖北省（5个）

武汉市东西湖区

宜昌市夷陵区

鄂州市梁子湖区

荆门市京山县

仙桃市

十六、湖南省（5个）

长沙市望城区

株洲市攸县

常德市津市市

郴州市永兴县

永州市宁远县

十七、广东省（4个）

汕头市南澳县

佛山市顺德区

惠州市博罗县

云浮市罗定市

十八、广西壮族自治区（2个）

南宁市横县

玉林市北流市

十九、海南省（2个）

白沙黎族自治县

陵水黎族自治县

二十、重庆市（3个）

万盛经济技术开发区

忠县

秀山土家族苗族自治县

二十一、四川省（7个）

成都市温江区

成都市蒲江县

泸州市纳溪区

德阳市罗江县

眉山市丹棱县

宜宾市筠连县

雅安市宝兴县

二十二、贵州省（3个）

遵义市湄潭县

安顺市西秀区

黔东南苗族侗族自治州麻江县

二十三、云南省（4个）

玉溪市澄江县

楚雄彝族自治州大姚县

红河哈尼族彝族自治州弥勒市

大理白族自治州宾川县

二十四、陕西省（4个）

西安市高陵区

渭南市大荔县

延安市宝塔区

安康市岚皋县

二十五、甘肃省（2个）

天水市清水县

张掖市甘州区

二十六、青海省（1个）

海东市平安区

二十七、宁夏回族自治区（1个）

银川市永宁县

二十八、新疆维吾尔自治区（1个）

乌鲁木齐市乌鲁木齐县

住房城乡建设部、环境保护部关于规范城市生活垃圾跨界清运处理的通知

建城〔2017〕108号

各省、自治区住房城乡建设厅、环境保护厅，直辖市城管委（市容园林委、绿化市容局、市政委）、环境保护局：

为加强城市生活垃圾清运处理管理，规范垃圾跨界转移处置行为，根据《中华人民共和国固体废物污染环境防治法》、《城市市容和环境卫生管理条例》等法律法规和《城市生活垃圾管理办法》（住房城乡建设部令第24号）有关规定，现就有关事项通知如下：

一、严格垃圾清运处理服务准入

（一）依法实施垃圾清运处理服务许可。从事城市生活垃圾清运处理服务的单位，应依法取得由直辖市、市、县人民政府住房城乡建设（环境卫生）行政主管部门颁发的城市生活垃圾经营性清扫、收集、运输、处理服务许可；未经许可，不得从事城市生活垃圾清运处理服务活动。直辖市、市、县人民政府住房城乡建设（环境卫生）行政主管部门可以依法采用特许经营、政府购买服务等形式，通过招标等公平竞争方式选择具备相应条件的单位从事生活垃圾的清扫、收集、运输和处置，根据中标单位申请核发服务许可证。

（二）加强垃圾清运处理服务单位资格核查。承接城市生活垃圾清运处理服务的单位，应具备从事生活垃圾清扫、收集、

运输、处理服务的相应能力并满足有关资格条件。直辖市、市、县人民政府住房城乡建设（环境卫生）主管部门要加强对服务承接单位申请材料真实性审查；对服务承接单位办公场所、垃圾清运机械设备、垃圾处理设施场地等情况，要组织专家进行实地核验。

二、规范垃圾跨界清运处置行为

（三）垃圾跨界清运处置条件。城市生活垃圾原则上应就地就近处置。本地不具备垃圾处置设施、条件或者处置成本较高的，在确保垃圾能得到合法妥善处置的条件下，移出方与接收方协商一致并经有关行政主管部门依法批准后，可以在本省域内异地或者跨省域转移处置生活垃圾。跨界转移处置的垃圾，应选择合法运营的填埋场、焚烧厂等生活垃圾处置设施、场所。严禁私自随意丢弃、遗撒、倾倒、堆放、处置生活垃圾。

（四）申请跨界清运处置垃圾程序。跨县级以上行政区域转移、处置本地生活垃圾的，由移出单位向核发服务许可证的原审批机关提出申请，增加或变更服务许可中的有关事项。经商接收地同级人民政府住房城乡建设（环境卫生）行政主管部门同意后，受理申请的人民政府住房城乡建设（环境卫生）主管部门方可批准增加或变更。转移出省级行政区域贮存、处置生活垃圾的，除应依法增加或变更服务许可范围外，移出单位还应向移出地省级人民政府环境保护主管部门提出申请。经商接收地省级人民政府环境保护主管部门同意后，移出地省级人民政府环境保护主管部门方可批准。

（五）申请材料要求。申请跨界清运处置垃圾须提交的材料包括垃圾跨界清运处置服务许可申请书、服务承接单位组织机构代码、营业执照、服务许可证照、异地清运处置服务协议等材料复印件或扫描件。垃圾跨界清运处置服务许可申请书应包括转移垃圾的来源、数量、成分、转移线路、时间、运输方式、污染防治措施、垃圾处理方式和技术工艺等内容。

三、强化垃圾跨界清运处置过程监管

（六）建立联单制度。

跨行政区域转移处置垃圾应全过程建立记录台账，来往票据全部实行多联单，留底备查。垃圾中转站、移出单位、运输单位、接收单位在垃圾交付收运、运输、处理时对其数量予以相互确认；数量不一致的，一律不得予以接收、运输和处置。

移出单位、运输单位、接收单位、处置单位要按月将垃圾清运量和处置量汇总，分别上报核发其服务许可证的住房城乡建设（环境卫生）行政主管部门。移出地与接收地人民政府住房城乡建设（环境卫生）行政主管部门要定期核对相应垃圾的数量和去向，发现不一致的，要组织开展调查，及时督促整改，并向上级人民政府行政主管部门报告。

县级以上地方人民政府住房城乡建设（环境卫生）行政主管部门应分别于每年6月底、12月底汇总本行政区域跨界转移处置（含接收和移出）生活垃圾的总量和明细，逐级报至省级人民政府住房城乡建设（环境卫生）行政部门。

（七）做好垃圾跨界清运处置信息填报。直辖市、市、县人民政府住房城乡建设（环境卫生）行政主管部门要按照"全国城镇生活垃圾处理管理信息系统"的填报要求，做好本行政区域垃圾跨界清运处置信息填报，同时督促和指导有关单位及时更新系统中规定的生活垃圾处理设施的相应信息，并通过系统与环境保护部门进行信息共享。对不按时填报、不如实填报、不完整填报垃圾跨界清运处置信息的单位督促整改，并予以通报。

四、强化保障措施

（八）加快垃圾处理设施建设。各地要按照《国务院办公厅关于转发国家发展改革委住房城乡建设部生活垃圾分类制度实施方案的通知》（国办发〔2017〕26号）和《住房城乡建设部等部门关于进一步加强城市生活垃圾焚烧处理工作的意见》（建城〔2016〕227号）要求，因地制宜选择生活垃圾处理技术，加快推进分类投放、分类收集、分类运输和分类处理体系建设，构建"邻利型"垃圾处理设施。对生活垃圾处理设施能力不足、技术落后等问题，住房城乡建设（环境卫生）行政主管部门要及时提出合理解决方案报本级人民政府。

（九）鼓励垃圾处理设施共建共享。生活垃圾处理要与经济社会发展水平相协调，注重城乡统筹、区域协同，采取集中处理和分散处理相结合的方式，加快推进垃圾处理设施一体化建设和网络化运营。做好区域统筹规划，鼓励生活垃圾处理设施共建共享，提高设施利用效率，扩大服务覆盖面。

（十）加强对垃圾清运处理运营监管。直辖市、市、县人民政府住房城乡建设（环境卫生）行政主管部门要加强对生活垃圾清运处理活动的监管，发现服务承接单位有违规行为的，责令限期整改；发现违法行为的，依法予以处罚。省级人民政府住房城乡建设（环境卫生）和环境保护行政主管部门要定期组织对垃圾跨界清运处置的核查或者抽查，发现接收和移出垃圾数量不一致的，及时督促整改；发现违法违规行为的，依法追究相关人员责任。

（十一）强化执法监督。各级地方人民政府住房城乡建设（环境卫生）和环境保护行政主管部门要按职责分工，依法依规强化对生活垃圾处理设施的运行监管，加强对垃圾渗滤液、二噁英、飞灰等重点污染物排放控制情况的检查；对随意丢弃、转移、遗撒、倾倒、堆放、处置生活垃圾等违法违规行为，坚决予以查处；发现涉嫌犯罪的，依法移交司法机关处理。

中华人民共和国住房和城乡建设部
中华人民共和国环境保护部
2017年5月8日

住房城乡建设部等部门关于进一步加强城市生活垃圾焚烧处理工作的意见

建城〔2016〕227号

各省、自治区住房城乡建设厅、发展改革委（经信委）、国土资源厅、环境保护厅，直辖市城市管理委（市容园林委、绿化市容局、市政委）、发展改革委、规划国土委（规划局、国土房管局）、环境保护局：

为切实加强城市生活垃圾焚烧处理设施的规划建设管理工作，提高生活垃圾处理水平，改善城市人居环境，现提出以下意见。

一、深刻认识城市生活垃圾焚烧处理工作的重要意义

近年来，我国城市生活垃圾处理设施建设明显加快，处理能力和水平不断提高，城市环境卫生有了较大改善。但随着城镇化快速发展，设施处理能力总体不足，普遍存在超负荷运行现象，仍有部分生活垃圾未得到有效处理。生活垃圾焚烧处理技术具有占地较省、减量效果明显、余热可以利用等特点，在发达国家和地区得到广泛应用，在我国也有近30年应用历史。目前，垃圾焚烧处理技术装备日趋成熟，产业链条、骨干企业和建设运行管理模式逐步形成，已成为城市生活垃圾处理的重要方式。各地要充分认识垃圾焚烧处理工作的紧迫性、重要性和复杂性，提前谋划，科学评估，规划先行，加快建设，尽快补上城市生活垃圾处理短板。

二、明确"十三五"工作目标

贯彻落实创新、协调、绿色、开放、共享的发展理念，按照中央城市工作会议和《中共中央国务院关于进一步加强城市规划建设管理工作的若干意见》要求，将垃圾焚烧处理设施建设作为维护公共安全、推进生态文明建设、提高政府治理能力和加强城市规划建设管理工作的重点。到2017年底，建立符合我国国情的生活垃圾清洁焚烧标准和评价体系。到2020年底，全国设市城市垃圾焚烧处理能力占总处理能力50%以上，全部达到清洁焚烧标准。

三、提前谋划，加强焚烧设施选址管理

（一）加强规划引导。牢固树立规划先行理念，遵循城乡发展客观规律，综合考虑经济发展、城乡建设、土地利用以及生态环境影响和公众诉求，科学编制生活垃圾处理设施规划，统筹安排生活垃圾处理设施的布局和用地，并纳入城市总体规划和近期建设规划，做好与土地利用总体规划、生态环境保护规划的衔接，公开相关信息。项目用地纳入城市黄线保护范围，规划用途有明显标示。强化规划刚性，维护政府公信力，严禁擅自占用或者随意改变用途，严格控制设施周边的开发建设活动。根据焚烧厂服务区域现状和预测的垃圾产生量，适度超前确定设施处理规模，推进区域性垃圾焚烧飞灰配套处置工程建设。选择以垃圾焚烧发电作为主要处理方案的地区，要提出垃圾处理的其他备用方案。

（二）统筹解决选址问题。焚烧设施选址应符合相关政策和标准的要求，并重点考虑对周边居民影响、配套设施情况、垃圾运输条件及灰渣处理的便利性等因素。优先安排垃圾焚烧处

理设施用地计划指标，地方国土资源管理部门可根据当地实际单列，并合理安排必要的配套项目建设用地，确保项目落地。加强区域统筹，实现焚烧设施共享。鼓励利用现有垃圾处理设施用地改建或扩建焚烧设施。

（三）扩大设施控制范围。可将焚烧设施控制区域分为核心区、防护区和缓冲区。核心区的建设内容为焚烧项目的主体工程、配套工程、生产管理与生活服务设施，占地面积按照《生活垃圾焚烧处理工程项目建设标准》要求核定。防护区为园林绿化等建设内容，占地面积按核心区周边不小于300米考虑。

四、建设高标准清洁焚烧项目

（一）选择先进适用技术。遵循安全、可靠、经济、环保原则，以垃圾焚烧锅炉、垃圾抓斗起重机、汽轮发电机组、自动控制系统、主变压器为主设备，综合评价焚烧技术装备对自然条件和垃圾特性的适应性、长期运行可靠性、能源利用效率和资源消耗水平、污染物排放水平。应根据环境容量，充分考虑基本工艺达标性、设备可靠性以及运行管理经验等因素，优化污染治理技术的选择，污染物排放应满足国家、地方相关标准及环评批复要求。

（二）推进产业园区建设。积极开展静脉产业园区、循环经济产业园区、静脉特色小镇等建设，统筹生活垃圾、建筑垃圾、餐厨垃圾等不同类型垃圾处理，形成一体化项目群，降低选址难度和建设投入。优化配置焚烧、填埋、生物处理等不同种类处理工艺，整合渗滤液等污染物处理环节，实现各种垃圾在园区内有效治理，提高能源综合利用效率。

（三）严控工程建设质量。生活垃圾焚烧项目建设应满足

《生活垃圾焚烧处理工程技术规范》等相关标准规范以及地方标准的要求，落实建设单位主体责任，完善各项管理制度、技术措施及工作程序。项目建设各方要正确处理质量与进度、成本之间的关系，合理控制项目成本和建设周期，实现专业化管理，文明施工。严禁通过降低工程和采购设备质量、缩短工期、以次充好、偷工减料等恶意降低建设成本。

（四）合理确定补贴费用。分析项目投资与运行费用，应明确处理规模、建设期、建设水平、工艺设备配置、垃圾热值、分期建设、运营期限、余热利用方式等边界条件，充分考虑烟气、渗滤液和灰渣的处理要求。垃圾处理补贴评价内容包括工程分析、垃圾处理补贴费用分析、其他成本节约与合法收益分析三部分。工程分析要根据工程技术要求，对主设备质量成本、建设水平、运行数据等进行客观评价。垃圾处理补贴费用分析按《建设项目经济评价方法与参数》进行，其中基准收益率可参照行业平均水平分析计取，以进厂垃圾量计算，吨垃圾售电超过 280 千瓦时的部分按当地标杆电价计算。其他成本节约与合法收益分析应考虑建设期和成本变化等因素影响。

（五）加强飞灰污染防治。在生活垃圾设施规划建设运行过程中，应当充分考虑飞灰处置出路。鼓励跨区域合作，统筹生活垃圾焚烧与飞灰处置设施建设，并开展飞灰资源化利用技术的研发与应用。严格按照危险废物管理制度要求，加强对飞灰产生、利用和处置的执法监管。

五、深入细致做好相关工作

（一）深入调研摸清底数。在垃圾焚烧项目前期，要在项目属地入社区、入村广泛开展调研，与村社干部、群众代表等深入交流座谈，认真倾听群众意见，系统分析各方诉求。对疑虑和误解，应耐心做好沟通解释工作，要充分考虑其合理诉求，积极研究解决措施；对采取不当方式表达不合理要求的，应依法依规坚决予以制止。

（二）周密组织发挥合力。在项目建设过程中，各部门要加强协同配合。项目主管部门做好统筹安排，城市规划、发展改革、国土资源、环境保护等部门各负其责，与项目属地政府统一思想，切实形成合力，市场主体做好相关配合保障。根据建设任务和时间要求，将基本建设程序和开展群众工作紧密结合。要抓好工作细节，注重方式方法的针对性，注重群众工作实效。对推进生活垃圾处理工作不力，影响社会发展和稳定的，要追究有关责任。

（三）广泛发动赢得支持。要围绕群众关注的问题深入开展解疑释惑工作，将考察焚烧厂的所见所闻、焚烧技术装备、污染控制等内容制作成视频宣传片和画册，连续播放、广泛宣传，打消顾虑，争取群众对项目建设的信任和理解。充分发挥学校作用，组织师生学习有关垃圾焚烧处理知识、焚烧厂项目建设有关做法等，建立广泛牢固的群众基础。

六、集中整治，提高设施运行水平

（一）集中开展整治工作。结合生活垃圾处理设施的考核评价工作，对现有垃圾焚烧厂的技术工艺、设施设备、运行管理等集中开展专项整治。焚烧炉必须设置烟气净化系统并安装烟气在线监测装置。对未按照《生活垃圾焚烧污染控制标准》要求开展在线监测和焚烧炉运行工况在线监测的焚烧厂，应及时整改到位，并通过企业网站、在厂区周边显著位置设置显示屏等方式对外公开在线监测数据，接受公众监督。对于不能连续稳定达标排放的设施，要及时停产整顿，认真分析存在的问题和原因，采取针对性措施予以解决。对于生产使用中的问题，要按照《生活垃圾焚烧厂运行维护与安全技术规程》要求，严格控制燃烧室内焚烧烟气的温度、停留时间与气流扰动工况，设置活性炭粉等吸附剂喷入装置，有效去除烟气中的污染物。对于设备老化和工艺落后问题，要尽快组织实施改造，保证设施达标排放。对整治后仍不能达标排放的设施，依法进行关停处理。对故意编造、篡改排放数据的违法企业，依法加大处罚力度。

（二）实施精细化运行管理。加强对垃圾焚烧过程中烟气污染物、恶臭、飞灰、渗滤液的产生和排放情况监管，控制二次污染。落实运行管理责任制度和应急管理预案，明确突发状况上报和处理程序，有效应对各种突发事件。建立清洁焚烧评价指标体系，加强设备寿命期管理，推行完好率、合格率与投入率等指标管理，推进节能减排与能源效率管理，达到适宜的水利用率、厂用电率、物料消耗量和能源效率，有效实现碳减排。

（三）构建"邻利型"服务设施。在落实环境防护距离基础上，面向周边居民设立共享区域，因地制宜配套绿化、体育和休闲设施，实施优惠供水、供热、供电服务，安排群众就近就业，将短期补偿转化为长期可持续行为，努力让垃圾焚烧设施与居民、社区形成利益共同体。变"邻避效应"为"邻利效益"，实现共享发展。

七、创新方式，全面加强监管

（一）严格招投标管理。加强市场准入管理，严格设定投资建设运行处理企业的技术、人员、业绩等条件。培育公平竞争的市场环境，鼓励推广政府和社会资本合作（PPP）模式。完善市场退出机制，加快信用体系建设，建立失信惩戒和黑名单制度，鼓励和引导专业化规模化企业规范建设和诚信运行。对于中标价格明显低于预期的企业要给予重点关注，加大监管频次。对于中标企业恶意违约或不能履约的情况，依照特许经营合同或相关法律法规，给予严厉的经济惩罚或行政处罚，必要时终止特许经营合同。

（二）加强监管能力建设。建立全过程、多层级风险防范体系，杜绝违法排放和造假行为。焚烧厂运行主体要向社会定期公布运行基本情况，公示污染物排放数据，接受公众监督。通过驻场监管、公众监督、经济杠杆等手段进行监管，采用信息化、互联网+、开发APP等方式实现全过程监管。加强全国城镇生活垃圾处理管理信息系统上报工作，所有规划、在建和运行的焚烧项目情况必须将相关信息录入系统并及时更新。强化设施运行监管，按照《生活垃圾焚烧厂运行监管标准》和《生活垃圾焚烧厂评价标准》要求，完善生活垃圾处理设施考核评价工作。

（三）推进实现共同治理。在设施规划建设管理过程中，要落实各有关部门、社会单位和公众以及相关机构的责任，共同开展相关工作。社会单位和公众是产生垃圾的责任主体，要树立节约观念，减少垃圾产生，依法依规参与焚烧厂规划建设运行监督。要积极开展第三方专业机构监管，提高监管的科学水平。依托 AAA 级垃圾焚烧厂等标杆设施，在保证正常安全运行基础上，完善公众参观通道，开展宣传教育基地建设，向社会公众开放，定期组织中小学生参观学习，形成有效的交流、宣传和咨询平台。充分发挥新闻媒体作用，引导全社会客观认识生活垃圾处理问题，凝聚共识，营造良好舆论氛围。

中华人民共和国住房和城乡建设部

中华人民共和国国家发展和改革委员会

中华人民共和国国土资源部

中华人民共和国环境保护部

2016 年 10 月 22 日

关于进一步加强城市生活垃圾处理工作的意见

国务院批转住房城乡建设部等部门
关于进一步加强城市生活垃圾处理工作意见的通知
国发〔2011〕9号

各省、自治区、直辖市人民政府，国务院各部委、各直属机构：

国务院同意住房城乡建设部、环境保护部、发展改革委、教育部、科技部、工业和信息化部、监察部、财政部、人力资源社会保障部、国土资源部、农业部、商务部、卫生部、税务总局、广电总局、中央宣传部《关于进一步加强城市生活垃圾处理工作的意见》，现转发给你们，请认真贯彻执行。

国务院

二〇一一年四月十九日

为切实加大城市生活垃圾处理工作力度，提高城市生活垃圾处理减量化、资源化和无害化水平，改善城市人居环境，现提出以下意见：

一、深刻认识城市生活垃圾处理工作的重要意义

城市生活垃圾处理是城市管理和环境保护的重要内容，是社会文明程度的重要标志，关系人民群众的切身利益。近年来，

我国城市生活垃圾收运网络日趋完善，垃圾处理能力不断提高，城市环境总体上有了较大改善。但也要看到，由于城镇化快速发展，城市生活垃圾激增，垃圾处理能力相对不足，一些城市面临"垃圾围城"的困境，严重影响城市环境和社会稳定。各地区、各有关部门要充分认识加强城市生活垃圾处理的重要性和紧迫性，进一步统一思想，提高认识，全面落实各项政策措施，推进城市生活垃圾处理工作，创造良好的人居环境，促进城市可持续发展。

二、指导思想、基本原则和发展目标

（一）指导思想。以科学发展观为指导，按照全面建设小康社会和构建社会主义和谐社会的总体要求，把城市生活垃圾处理作为维护群众利益的重要工作和城市管理的重要内容，作为政府公共服务的一项重要职责，切实加强全过程控制和管理，突出重点工作环节，综合运用法律、行政、经济和技术等手段，不断提高城市生活垃圾处理水平。

（二）基本原则。

全民动员，科学引导。在切实提高生活垃圾无害化处理能力的基础上，加强产品生产和流通过程管理，减少过度包装，倡导节约和低碳的消费模式，从源头控制生活垃圾产生。

综合利用，变废为宝。坚持发展循环经济，推动生活垃圾分类工作，提高生活垃圾中废纸、废塑料、废金属等材料回收利用率，提高生活垃圾中有机成分和热能的利用水平，全面提升生活垃圾资源化利用工作。

统筹规划，合理布局。城市生活垃圾处理要与经济社会发展水平相协调，注重城乡统筹、区域规划、设施共享，集中处理与分散处理相结合，提高设施利用效率，扩大服务覆盖面。要科学制定标准，注重技术创新，因地制宜地选择先进适用的生活垃圾处理技术。

政府主导，社会参与。明确城市人民政府责任，在加大公共财政对城市生活垃圾处理投入的同时，采取有效的支持政策，引入市场机制，充分调动社会资金参与城市生活垃圾处理设施建设和运营的积极性。

（三）发展目标。到 2015 年，全国城市生活垃圾无害化处理率达到 80% 以上，直辖市、省会城市和计划单列市生活垃圾全部实现无害化处理。每个省（区）建成一个以上生活垃圾分类示范城市。50% 的设区城市初步实现餐厨垃圾分类收运处理。城市生活垃圾资源化利用比例达到 30%，直辖市、省会城市和计划单列市达到 50%。建立完善的城市生活垃圾处理监管体制机制。到 2030 年，全国城市生活垃圾基本实现无害化处理，全面实行生活垃圾分类收集、处置。城市生活垃圾处理设施和服务向小城镇和乡村延伸，城乡生活垃圾处理接近发达国家平均水平。

三、切实控制城市生活垃圾产生

（四）促进源头减量。通过使用清洁能源和原料、开展资源综合利用等措施，在产品生产、流通和使用等全生命周期促进生活垃圾减量。限制包装材料过度使用，减少包装性废物产生，探索建立包装物强制回收制度，促进包装物回收再利用。组织净菜和洁净农副产品进城，推广使用菜篮子、布袋子。有计划地改进燃料结构，推广使用城市燃气、太阳能等清洁能源，减少灰渣产生。在宾馆、餐饮等服务性行业，推广使用可循环利用物品，限制使用一次性用品。

（五）推进垃圾分类。城市人民政府要根据当地的生活垃圾特性、处理方式和管理水平，科学制定生活垃圾分类办法，明确工作目标、实施步骤和政策措施，动员社区及家庭积极参与，逐步推行垃圾分类。当前重点要稳步推进废弃含汞荧光灯、废温度计等有害垃圾单独收运和处理工作，鼓励居民分开盛放和投放厨余垃圾，建立高水分有机生活垃圾收运系统，实现厨余垃圾单独收集循环利用。进一步加强餐饮业和单位餐厨垃圾分类收集管理，建立餐厨垃圾排放登记制度。

（六）加强资源利用。全面推广废旧商品回收利用、焚烧发电、生物处理等生活垃圾资源化利用方式。加强可降解有机垃圾资源化利用工作，组织开展城市餐厨垃圾资源化利用试点，统筹餐厨垃圾、园林垃圾、粪便等无害化处理和资源化利用，确保工业油脂、生物柴油、肥料等资源化利用产品的质量和使用安全。加快生物质能源回收利用工作，提高生活垃圾焚烧发电和填埋气体发电的能源利用效率。

四、全面提高城市生活垃圾处理能力和水平

（七）强化规划引导。要抓紧编制全国和各省（区、市）"十二五"生活垃圾处理设施建设规划，推进城市生活垃圾处理设施一体化建设和网络化发展，基本实现县县建有生活垃圾处理设施。各城市要编制生活垃圾处理设施规划，统筹安排城市生活垃圾收集、处置设施的布局、用地和规模，并纳入土地利用总体规划、城市总体规划和近期建设规划。编制城市生活垃圾处理设施规划，应当广泛征求公众意见，健全设施周边居民诉求表达机制。生活垃圾处理设施用地纳入城市黄线保护范围，禁止擅自占用或者改变用途，同时要严格控制设施周边的开发建设活动。

（八）完善收运网络。建立与垃圾分类、资源化利用以及无害化处理相衔接的生活垃圾收运网络，加大生活垃圾收集力度，扩大收集覆盖面。推广密闭、环保、高效的生活垃圾收集、中转和运输系统，逐步淘汰敞开式收运方式。要对现有生活垃圾收运设施实施升级改造，推广压缩式收运设备，解决垃圾收集、中转和运输过程中的脏、臭、噪声和遗洒等问题。研究运用物联网技术，探索线路优化、成本合理、高效环保的收运新模式。

（九）选择适用技术。建立生活垃圾处理技术评估制度，新的生活垃圾处理技术经评估后方可推广使用。城市人民政府要按照生活垃圾处理技术指南，因地制宜地选择先进适用、符合节约集约用地要求的无害化生活垃圾处理技术。土地资源紧缺、人口密度高的城市要优先采用焚烧处理技术，生活垃圾管理水平较高的城市可采用生物处理技术，土地资源和污染控制条件较好的城市可采用填埋处理技术。鼓励有条件的城市集成多种处理技术，统筹解决生活垃圾处理问题。

（十）加快设施建设。城市人民政府要把生活垃圾处理设施作为基础设施建设的重点，切实加大组织协调力度，确保有关设施建设顺利进行。要简化程序，加快生活垃圾处理设施立项、建设用地、环境影响评价、可行性研究、初步设计等环节的审批速度。已经开工建设的项目要抓紧施工，保证进度，争取早日发挥效用。要进一步加强监管，切实落实项目法人制、招投标制、质量监督制、合同管理制、工程监理制、工程竣工验收制等管理制度，确保工程质量安全。

（十一）提高运行水平。生活垃圾处理设施运营单位要严格执行各项工程技术规范和操作规程，切实提高设施运行水平。填埋设施运营单位要制定作业计划和方案，实行分区域逐层填埋作业，缩小作业面，控制设施周边的垃圾异味，防止废液渗漏和填埋气体无序排放。焚烧设施运营单位要足额使用石灰、活性炭等辅助材料，去除烟气中的酸性物质、重金属离子、二英等污染物，保证达标排放。新建生活垃圾焚烧设施，应安装排放自动监测系统和超标报警装置。运营单位要制定应急预案，有效应对设施故障、事故、进场垃圾量剧增等突发事件。切实加大人力财力物力的投入，解决设施设备长期超负荷运行问题，确保安全、高质量运行。建立污染物排放日常监测制度，按月向所在地住房城乡建设（市容环卫）和环境保护主管部门报告监测结果。

（十二）加快存量治理。各省（区、市）要开展非正规生活垃圾堆放点和不达标生活垃圾处理设施排查和环境风险评估，并制定治理计划。要优先开展水源地等重点区域生活垃圾堆放场所的生态修复工作，加快对城乡结合部等卫生死角长期积存生活垃圾的清理，限期改造不达标生活垃圾处理设施。

五、强化监督管理

（十三）完善法规标准。研究修订《城市市容和环境卫生管理条例》，加强生活垃圾全过程管理。建立健全生活垃圾处理标准规范体系，制定和完善生活垃圾分类、回收利用、工程验收、污染防治和评价等标准。进一步完善生活垃圾分类标识，使群众易于识别、便于投放。改进城市生活垃圾处理统计指标体系，做好与废旧商品回收利用指标体系的衔接。

（十四）严格准入制度。加强市场准入管理，严格设定城市生活垃圾处理企业资金、技术、人员、业绩等准入条件，建立和完善市场退出机制，进一步规范城市生活垃圾处理特许经营权招标投标管理。具体办法由住房城乡建设部会同有关部门制定。

（十五）建立评价制度。加强对全国已建成运行的生活垃圾处理设施运营状况和处理效果的监管，开展年度考核评价，公开评价结果，接受社会监督。对未通过考核评价的生活垃圾处理设施，要责成运营单位限期整改。要加快信用体系建设，建立城市生活垃圾处理运营单位失信惩戒机制和黑名单制度，坚决将不能合格运营以及不能履行特许经营合同的企业清出市场。

（十六）加大监管力度。切实加强各级住房城乡建设（市容环卫）和环境保护部门生活垃圾处理监管队伍建设。研究建立城市生活垃圾处理工作督察巡视制度，加强对地方政府生活垃圾处理工作以及设施建设和运营的监管。建立城市生活垃圾处理节能减排量化指标，落实节能减排目标责任。探索引入第三方专业机构实施监管，提高监管的科学水平。完善全国生活垃圾处理设施建设和运营监控系统，定期开展生活垃圾处理设施排放物监测，常规污染物排放情况每季度至少监测一次，二英排放情况每年至少监测一次，必要时加密监测，主要监测数据和结果向社会公示。

六、加大政策支持力度

（十七）拓宽投入渠道。城市生活垃圾处理投入以地方为主，中央以适当方式给予支持。地方政府要加大投入力度，加快生活垃圾分类体系、处理设施和监管能力建设。鼓励社会资金参与生活垃圾处理设施建设和运营。开展生活垃圾管理示范城市和生活垃圾处理设施示范项目活动,支持北京等城市先行先试。改善工作环境,完善环卫用工制度和保险救助制度,落实环卫职工的工资和福利待遇,保障职工合法权益。

(十八)建立激励机制。严格执行并不断完善城市生活垃圾处理税收优惠政策。研究制定生活垃圾分类收集和减量激励政策,建立利益导向机制,引导群众分类盛放和投放生活垃圾,鼓励对生活垃圾实行就地、就近充分回收和合理利用。研究建立有机垃圾资源化处理推进机制和废品回收补贴机制。

(十九)健全收费制度。按照"谁产生、谁付费"的原则,推行城市生活垃圾处理收费制度。产生生活垃圾的单位和个人应当按规定缴纳垃圾处理费,具体收费标准由城市人民政府根据城市生活垃圾处理成本和居民收入水平等因素合理确定。探索改进城市生活垃圾处理收费方式,降低收费成本。城市生活垃圾处理费应当用于城市生活垃圾处理,不得挪作他用。

(二十)保障设施建设。在城市新区建设和旧城区改造中要优先配套建设生活垃圾处理设施,确保建设用地供应,并纳入土地利用年度计划和建设用地供应计划。符合《划拨用地目录》的项目,应当以划拨方式供应建设用地。城市生活垃圾处理设施建设前要严格执行建设项目环境影响评价制度。

(二十一)提高创新能力。加大对生活垃圾处理技术研发的支持力度,加快国家级和区域性生活垃圾处理技术研究中心建设,加强生活垃圾处理基础性技术研究,重点突破清洁焚烧、二英控制、飞灰无害化处置、填埋气收集利用、渗沥液处理、臭气控制、非正规生活垃圾堆放点治理等关键性技术,鼓励地方采用低碳技术处理生活垃圾。重点支持生活垃圾生物质燃气利用成套技术装备和大型生活垃圾焚烧设备研发,努力实现生活垃圾处理装备自主化。开展城市生活垃圾处理技术应用示范工程和资源化利用产业基地建设,带动市场需求,促进先进适用技术推广应用和装备自主化。

(二十二)实施人才计划。在高校设立城市生活垃圾处理相关专业,大力发展职业教育,建立从业人员职业资格制度,加强岗前和岗中职业培训,提高从业人员的文化水平和专业技能。

七、加强组织领导

(二十三)落实地方责任。城市生活垃圾处理工作实行省(区、市)人民政府负总责、城市人民政府抓落实的工作责任制。省(区、市)人民政府要对所属城市人民政府实行目标责任制管理,加强监督指导。城市人民政府要把城市生活垃圾处理纳入重要议事日程,加强领导,切实抓好各项工作。住房城乡建设部、发展改革委、环境保护部、监察部等部门要对省(区、市)人民政府的相关工作加强指导和监督检查。对推进生活垃圾处理工作不力,影响社会发展和稳定的,要追究责任。

(二十四)明确部门分工。住房城乡建设部负责城市生活垃圾处理行业管理,牵头建立城市生活垃圾处理部际联席会议制度,协调解决工作中的重大问题,健全监管考核指标体系,并纳入节能减排考核工作。环境保护部负责生活垃圾处理设施环境影响评价,制定污染控制标准,监管污染物排放和有害垃圾处理处置。发展改革委会同住房城乡建设部、环境保护部编制全国性规划，协调综合性政策。科技部会同有关部门负责生活垃圾处理技术创新工作。工业和信息化部负责生活垃圾处理装备自主化工作。财政部负责研究支持城市生活垃圾处理的财税政策。国土资源部负责制定生活垃圾处理设施用地标准，保障建设用地供应。农业部负责生活垃圾肥料资源化处理利用标准制定和肥料登记工作。商务部负责生活垃圾中可再生资源回收管理工作。

（二十五）加强宣传教育。要开展多种形式的主题宣传活动，倡导绿色健康的生活方式，促进垃圾源头减量和回收利用。要将生活垃圾处理知识纳入中小学教材和课外读物，引导全民树立"垃圾减量和垃圾管理从我做起、人人有责"的观念。新闻媒体要加强正面引导，大力宣传城市生活垃圾处理的各项政策措施及其成效，全面客观报道有关信息，形成有利于推进城市生活垃圾处理工作的舆论氛围。

各省（区、市）人民政府要在2011年8月底前将落实本意见情况报国务院，同时抄送住房城乡建设部。

建设部关于加强城镇生活垃圾处理场站建设运营监管的意见

建城〔2004〕225号

各省、自治区建设厅，北京市、重庆市市政管理委员会，上海市建管委、市容卫生管理局，天津市市容卫生管理委员会：

为切实加强城镇生活垃圾处理场站建设与运营的监督管理，确保城镇生活垃圾处理场站的建设质量和正常运行，现提出以下意见：

一、充分认识加强城镇生活垃圾处理场站建设与运营监管的重要意义

城镇生活垃圾处理场站（包括填埋场、堆肥厂、焚烧厂、综合处理厂和垃圾中转站，以下简称垃圾处理场站），是城镇重要的市政基础设施，是城镇公共环境卫生体系的重要组成部分；既担负着为社会处理生活垃圾的重要任务，又直接影响到周边的生态环境。目前，我国一些城镇生活垃圾处理场站存在着规划选址不尽合理、工艺选择缺乏论证、建设程序不够规范、技术标准执行不严、无害化处理水平不高、运营费用不落实等问题。加强城镇生活垃圾处理场站建设与运营的监管，不仅关系到国家公共财政或社会资金投入的效益，而且直接影响到城镇的生态环境和可持续发展，关系到广大人民群众的切身利益。各地要把加强城镇生活垃圾处理场站的建设与运营监管工作，作为落实科学发展观的重

要工作切实抓好。

二、加强垃圾处理场站建设与运营的监督管理，是各级建设和环境卫生主管部门的重要职责

各省、自治区建设行政主管部门，各地县级以上（包括县级）城市人民政府环境卫生主管部门，是负责城镇生活垃圾清扫、收集、贮存、运输和处置的监督管理部门。各城市环境卫生主管部门应认真履行职责，加强监督与管理，健全管理机制，要遵循产业化发展、市场化运作、规范化管理的原则，统筹安排城镇生活垃圾收集、运输、处置设施，建立和完善生活垃圾处理产业化的服务和监管体系，把各项管理工作落实到实处，努力提高我国城镇生活垃圾处理水平，实现经济和社会的协调发展。

三、认真组织城镇生活垃圾处理场站的规划编制工作

各地要依据城镇体系规划及城市总体规划，遵循区域统筹、节约土地和规模化经营的原则，组织编制城镇环境卫生专业规划。各城市规划主管部门要会同环境卫生主管部门认真组织城镇生活垃圾处理项目的规划选址工作，生活垃圾处理场站工程的选址必须符合国家有关生活垃圾处理场工程建设标准、规范规程，防止因选址不当造成的环境污染和经济损失。应根据城市总体规划、国民经济和社会发展计划以及环境卫生专业规划，制订垃圾处理场站的中长期和年度建设计划。

四、严格审查、慎重选择垃圾处理场站的技术、工艺和设备，防止造成二次污染

城镇生活垃圾处理所用技术、设备、材料必须符合国家有关城市生活垃圾处理技术标准的要求。各地应优先采用国家推

荐的先进适用的生活垃圾处理技术、设备和材料，各城市环境卫生主管部门应组织专家对生活垃圾处理场站建设项目所选用的技术、设备、材料进行充分论证，对采用垃圾焚烧、堆肥工艺及填埋场的防渗处理、渗滤液处理等关键技术应严格审查。选用新技术、新工艺要有完整的生产性试验报告和专门的技术评估报告，并报请省级（包括省级）以上建设行政主管部门组织审定。

五、严格城镇生活垃圾处理场站建设市场管理

从事城市生活垃圾处理场站的勘察设计、施工、监理的单位必须具备相应的市政公用行业环境卫生工程设计资质、市政公用工程（城市生活垃圾处理工程）施工资质、工程监理资质。城镇生活垃圾处理场站建设项目的勘察设计、施工、监理以及与工程建设有关的重要设备、材料等的采购，必须依法进行公开招标。建设单位不得要求设计、施工单位违反法律法规和工程建设强制性标准，降低工程质量。勘察设计单位必须严格执行生活垃圾处理工程建设的国家标准和行业标准，并对工程勘察设计的质量负责；工程施工单位应严格按照工程设计图纸和施工技术标准施工，并对工程质量负责；工程监理单位应依照法律法规、技术标准、设计文件和工程合同对施工质量实施监理并承担监理责任。工程竣工后，建设单位应组织设计、施工、监理等有关单位进行竣工验收，并及时向城建档案管理部门、环境卫生主管部门移交建设项目档案。项目不经验收，不准投入运营。

六、推行城市生活垃圾处理特许经营制度

各地应按照建设部《关于加快市政公用行业市场化进程的

意见》，逐步开放、规范管理城市生活垃圾处理场站建设与运营市场。由城市人民政府授权的环境卫生主管部门，应根据《市政公用事业特许经营管理办法》的规定，参照《城市生活垃圾处理特许经营协议示范文本》，与垃圾处理场站运营单位签订生活垃圾处理特许经营协议，明确协议双方的权利与义务。对暂不具备特许经营条件的，城市环境卫生主管部门应在核定生活垃圾处理量及处理成本的基础上，与运营单位签订城市生活垃圾处理场站委托经营合同，明确场站运营单位的责任、权利与义务。

七、完善对垃圾处理场站的质量监测和运营监督

城市环境卫生主管部门应委托有资格的检测单位对垃圾处理场站的垃圾处理数量、处理质量和环境影响进行定期监测，也可根据需要，向垃圾处理场站派驻监督员。垃圾处理场站运营单位要建立和完善各种规章制度，保障生活垃圾处理场站正常规范运营；应完善统计分析和报表制度，定期向城市环境卫生主管部门上报进出场生活垃圾数量、设备运行情况、运营处理数据、环境监测报告等。城市环境卫生主管部门要加强对处理场站运营的技术指导、安全监督和经济监管，要加强对垃圾处理运营费拨付的核定工作。

八、建立应急预案制度

城市环境卫生主管部门应制定生活垃圾应急处置预案，落实生活垃圾应急处置的必要保障经费和设施，保证特殊情况下的垃圾处理。对于进场生活垃圾成份、数量发生重大变化，可能影响生活垃圾处理场正常运营的，运营单位应将发生的情况和采取的措施及时上报城市环境卫生主管部门；对于因进行设

备设施检修、维护需暂停生活垃圾处理系统运营，或导致处理能力明显下降的，运营单位必须提前报告城市环境卫生主管部门，在取得同意后方可进行；对于因突发事件或事故造成关键设备停运的，运营单位必须尽快抢修恢复正常运营、启动应急预案并及时报告环境卫生主管部门。

九、推进垃圾处理收费工作

各城市要采取有效措施，提高垃圾处理费收缴率。城市环境卫生主管部门要加强生活垃圾处理费的征收和使用管理，确保处理费专项用于支付垃圾收集、运输和处理费用。征收的垃圾处理费不足支付垃圾收运和处理成本的，地方财政应予一定保障，确保垃圾处理场站正常运行。未开征生活垃圾处理费的城市，地方财政应保证生活垃圾收集、运输和处理的费用，并根据原国家计委、财政部、建设部、环保总局《关于实行城市生活垃圾处理收费制度，促进垃圾处理产业化的通知》的要求，尽快开征垃圾处理费。

十、加快垃圾处理事业单位转企改制步伐

要切实转变政府职能，尽快实现政企分开、政事分开。在垃圾处理事业单位转制过程中，应坚持改革、发展、稳定相统一的原则，制定相应的养老、医疗、退休、再就业等扶持政策，保证职工合法权益不受侵害，确保改革的平稳推进；要保证国有资产不流失，在明晰产权的基础上，优化企业的资本结构，引导社会资金和国外资本参与企业改革和重组，把垃圾处理事业单位改制为符合现代企业制度要求的市场主体。大中型国有垃圾处理企业要发挥资金、技术和管理的优势，积极参与国内外生活垃圾处理设施的建设与运营市场的竞争。

十一、加大资金投入，加快城镇生活垃圾处理场站建设

各地要加大对生活垃圾处理设施建设的投入，完善以公共财政为主导的环境卫生基础设施建设投资体制，逐步形成政府引导、社会参与、市场运作的多元化投资机制。要积极利用国内外金融机构优惠贷款进行垃圾处理场站的建设。对尚不能完全市场化运作的垃圾处理场站建设，要进行政策扶持、投资引导、适度补贴，保障生活垃圾处理场站的建设和运营。

十二、切实加强对城镇生活垃圾处理场站建设运营监管工作的领导

各省、自治区建设行政主管部门，各地县级以上（包括县级）城市人民政府环境卫生主管部门要认真履行职责，切实加强对城镇生活垃圾处理场站建设运营监管工作的领导。要认真贯彻《中华人民共和国固体废物污染环境防治法》和《城市市容和环境卫生管理条例》，完善法律法规，坚持依法行政，依法管理。要抓紧制定和完善各项技术标准和管理制度，使监督管理工作规范化、科学化、制度化。要落实各项规划和工作责任制，切实加强对城镇生活垃圾处理场站的监督和管理。

建设部
二〇〇四年十二月二十二日

关于印发"城市生活垃圾经营性清扫、收集、运输服务许可证"和"城市生活垃圾经营性处置服务许可证"样式的通知

建城〔2007〕158号

各省、自治区建设厅,北京、重庆市市政管委,上海市建委,天津市市容委,新疆生产建设兵团建设局:

根据《城市生活垃圾管理办法》,由建设部统一规定"城市生活垃圾经营性清扫、收集、运输服务许可证"和"城市生活垃圾经营性处置服务许可证"的格式,现将许可证样式印发给你们(见附件一、二)。

许可证由省、自治区人民政府建设主管部门和直辖市人民政府建设(环境卫生)主管部门统一编号和印制,并在右下角注明印制单位名称,由直辖市、市、县建设(环境卫生)主管部门填写有关具体内容。其中,"公司"一栏填写取得许可证的企业名称;"许可内容"(附件一)一栏填写"城市生活垃圾经营性清扫、收集、运输(此三项选填一项或多项)服务","许可内容"(附件二)一栏填写"城市生活垃圾经营性处置服务";"项目名称"一栏填写政府公开招标的生活垃圾经营性清扫、收集、运输和处置项目的具体名称;"有效期"一栏填写经营项目的起止日期,应与经营协议的起止日期一致;"发证机关"一栏由直辖市、市、县建设(环境卫生)主管部门盖章;"监督电话"填写直辖市、市、县建设(环境卫生)主管部门的联系电

话。城市生活垃圾清扫、收集、运输和处置经营协议应明确约定经营期限、服务标准等内容，作为许可证的附件使用。许可证的续延、撤销、注销等按照《城市生活垃圾管理办法》有关规定执行。

请你们严格按照规定内容和格式组织印制，并及时发放给各市、县使用。许可证的印制权限不得下放到市、县。

附件：1."城市生活垃圾经营性清扫、收集、运输服务许可证"样式（略）
2."城市生活垃圾经营性处置服务许可证"样式（略）

中华人民共和国建设部
二〇〇七年六月二十五日

城市建筑垃圾管理规定

城市建筑垃圾管理规定

中华人民共和国建设部令

第 139 号

《城市建筑垃圾管理规定》已于 2005 年 3 月 1 日经第 53 次部常务会议讨论通过，现予发布，自 2005 年 6 月 1 日起施行。

建设部部长

二〇〇五年三月二十三日

第一条 为了加强对城市建筑垃圾的管理，保障城市市容和环境卫生，根据《中华人民共和国固体废物污染环境防治法》、《城市市容和环境卫生管理条例》和《国务院对确需保留的行政审批项目设定行政许可的决定》，制定本规定。

第二条 本规定适用于城市规划区内建筑垃圾的倾倒、运输、中转、回填、消纳、利用等处置活动。

本规定所称建筑垃圾，是指建设单位、施工单位新建、改建、扩建和拆除各类建筑物、构筑物、管网等以及居民装饰装修房屋过程中所产生的弃土、弃料及其它废弃物。

第三条 国务院建设主管部门负责全国城市建筑垃圾的管理工作。

省、自治区建设主管部门负责本行政区域内城市建筑垃圾的管理工作。

城市人民政府市容环境卫生主管部门负责本行政区域内建筑垃圾的管理工作。

第四条 建筑垃圾处置实行减量化、资源化、无害化和谁产生、谁承担处置责任的原则。

国家鼓励建筑垃圾综合利用，鼓励建设单位、施工单位优先采用建筑垃圾综合利用产品。

第五条 建筑垃圾消纳、综合利用等设施的设置，应当纳入城市市容环境卫生专业规划。

第六条 城市人民政府市容环境卫生主管部门应当根据城市内的工程施工情况，制定建筑垃圾处置计划，合理安排各类建设工程需要回填的建筑垃圾。

第七条 处置建筑垃圾的单位，应当向城市人民政府市容环境卫生主管部门提出申请，获得城市建筑垃圾处置核准后，方可处置。

城市人民政府市容环境卫生主管部门应当在接到申请后的

20日内作出是否核准的决定。予以核准的，颁发核准文件；不予核准的，应当告知申请人，并说明理由。

城市建筑垃圾处置核准的具体条件按照《建设部关于纳入国务院决定的十五项行政许可的条件的规定》执行。

第八条 禁止涂改、倒卖、出租、出借或者以其他形式非法转让城市建筑垃圾处置核准文件。

第九条 任何单位和个人不得将建筑垃圾混入生活垃圾，不得将危险废物混入建筑垃圾，不得擅自设立弃置场受纳建筑垃圾。

第十条 建筑垃圾储运消纳场不得受纳工业垃圾、生活垃圾和有毒有害垃圾。

第十一条 居民应当将装饰装修房屋过程中产生的建筑垃圾与生活垃圾分别收集，并堆放到指定地点。建筑垃圾中转站的设置应当方便居民。

装饰装修施工单位应当按照城市人民政府市容环境卫生主管部门的有关规定处置建筑垃圾。

第十二条 施工单位应当及时清运工程施工过程中产生的建筑垃圾，并按照城市人民政府市容环境卫生主管部门的规定处置，防止污染环境。

第十三条 施工单位不得将建筑垃圾交给个人或者未经核准从事建筑垃圾运输的单位运输。

第十四条 处置建筑垃圾的单位在运输建筑垃圾时，应当随车携带建筑垃圾处置核准文件，按照城市人民政府有关部门规定的运输路线、时间运行，不得丢弃、遗撒建筑垃圾，不得超出核准范围承运建筑垃圾。

第十五条 任何单位和个人不得随意倾倒、抛撒或者堆放建筑垃圾。

第十六条 建筑垃圾处置实行收费制度，收费标准依据国家有关规定执行。

第十七条 任何单位和个人不得在街道两侧和公共场地堆放物料。因建设等特殊需要，确需临时占用街道两侧和公共场地堆放物料的，应当征得城市人民政府市容环境卫生主管部门同意后，按照有关规定办理审批手续。

第十八条 城市人民政府市容环境卫生主管部门核发城市建筑垃圾处置核准文件，有下列情形之一的，由其上级行政机关或者监察机关责令纠正，对直接负责的主管人员和其他直接责任人员依法给予行政处分；构成犯罪的，依法追究刑事责任：

（一）对不符合法定条件的申请人核发城市建筑垃圾处置核准文件或者超越法定职权核发城市建筑垃圾处置核准文件的；

（二）对符合条件的申请人不予核发城市建筑垃圾处置核准文件或者不在法定期限内核发城市建筑垃圾处置核准文件的。

第十九条 城市人民政府市容环境卫生主管部门的工作人员玩忽职守、滥用职权、狗私舞弊的，依法给予行政处分；构成犯罪的，依法追究刑事责任。

第二十条 任何单位和个人有下列情形之一的，由城市人民政府市容环境卫生主管部门责令限期改正，给予警告，处以罚款：

（一）将建筑垃圾混入生活垃圾的；

（二）将危险废物混入建筑垃圾的；

（三）擅自设立弃置场受纳建筑垃圾的；

单位有前款第一项、第二项行为之一的，处3000元以下罚款；有前款第三项行为的，处5000元以上1万元以下罚款。个人有前款第一项、第二项行为之一的，处200元以下罚款；有前款第三项行为的，处3000元以下罚款。

第二十一条　建筑垃圾储运消纳场受纳工业垃圾、生活垃圾和有毒有害垃圾的，由城市人民政府市容环境卫生主管部门责令限期改正，给予警告，处5000元以上1万元以下罚款。

第二十二条　施工单位未及时清运工程施工过程中产生的建筑垃圾，造成环境污染的，由城市人民政府市容环境卫生主管部门责令限期改正，给予警告，处5000元以上5万元以下罚款。

施工单位将建筑垃圾交给个人或者未经核准从事建筑垃圾运输的单位处置的，由城市人民政府市容环境卫生主管部门责令限期改正，给予警告，处1万元以上10万元以下罚款。

第二十三条　处置建筑垃圾的单位在运输建筑垃圾过程中沿途丢弃、遗撒建筑垃圾的，由城市人民政府市容环境卫生主管部门责令限期改正，给予警告，处5000元以上5万元以下罚款。

第二十四条　涂改、倒卖、出租、出借或者以其他形式非法转让城市建筑垃圾处置核准文件的，由城市人民政府市容环境卫生主管部门责令限期改正，给予警告，处5000元以上2万元以下罚款。

第二十五条 违反本规定，有下列情形之一的，由城市人民政府市容环境卫生主管部门责令限期改正，给予警告，对施工单位处1万元以上10万元以下罚款，对建设单位、运输建筑垃圾的单位处5000元以上3万元以下罚款：

（一）未经核准擅自处置建筑垃圾的；

（二）处置超出核准范围的建筑垃圾的。

第二十六条 任何单位和个人随意倾倒、抛撒或者堆放建筑垃圾的，由城市人民政府市容环境卫生主管部门责令限期改正，给予警告，并对单位处5000元以上5万元以下罚款，对个人处200元以下罚款。

第二十七条 本规定自2005年6月1日起施行。

附 录

上海市建筑垃圾处理管理规定

上海市人民政府令

第 57 号

《上海市建筑垃圾处理管理规定》已经 2017 年 9 月 11 日市政府第 163 次常务会议通过，现予公布，自 2018 年 1 月 1 日起施行。

上海市市长

2017 年 9 月 18 日

第一章 总 则

第一条 （目的和依据）

为了加强本市建筑垃圾的管理，促进源头减量减排和资源化利用，维护城市市容环境卫生，根据《中华人民共和国固体废物污染环境防治法》《上海市市容环境卫生管理条例》和其他有关法律、法规的规定，结合本市实际，制定本规定。

第二条 （适用范围和含义）

本市行政区域内建筑垃圾的减量减排、循环利用、收集、运输、中转、分拣、消纳等处置活动,以及相关监督管理,适用本规定。

建筑垃圾包括建设工程垃圾和装修垃圾。建设工程垃圾是指建设工程的新建、改建、扩建、修缮或者拆除等过程中,产生的弃土、弃料和其他废弃物。装修垃圾是指按照国家规定无需实施施工许可管理的房屋装饰装修过程中,产生的弃料和其他废弃物。

第三条 (处理原则)

建筑垃圾处理实行减量化、资源化、无害化和"谁产生、谁承担处理责任"的原则。

第四条 (管理部门)

市绿化市容行政管理部门是本市建筑垃圾处理的主管部门,负责建筑垃圾处理的监督管理工作。区绿化市容行政管理部门负责所辖区域内建筑垃圾处理的具体管理工作。

市住房城乡建设行政管理部门负责本市建筑垃圾中的建筑废弃混凝土回收利用的管理工作。

市和区城市管理行政执法部门以及乡(镇)人民政府(以下统称"城管执法部门")依法对违反本规定的有关行为实施行政处罚。

本市发展改革、交通、公安、规划国土、经济信息化、海事、水务、物价、质量技监、环保、民防等行政管理部门按照各自职责,协同实施本规定。

第五条 (属地管理)

区人民政府是所辖区域内建筑垃圾处理管理的责任主体,

应当加强对所辖区域内建筑垃圾处理管理工作的领导。

乡（镇）人民政府、街道办事处在区绿化市容行政管理部门的指导下，做好所辖区域内建筑垃圾处理的源头管理以及协同配合工作。

建筑垃圾处理管理工作所需经费，应当纳入各级人民政府的财政预算。

第六条 （分类处理）

建筑垃圾应当按照下列要求，进行分类处理：

（一）工程渣土，进入消纳场所进行消纳；

（二）泥浆，进入泥浆预处理设施进行预处理后，进入消纳场所进行消纳；

（三）装修垃圾和拆除工程中产生的废弃物，经分拣后进入消纳场所和资源化利用设施进行消纳、利用；

（四）建筑废弃混凝土，进入资源化利用设施进行利用。

第七条 （信息系统建设）

市绿化市容行政管理部门应当会同市住房城乡建设、交通、公安等行政管理部门以及城管执法部门，建立建筑垃圾处理管理信息系统。各部门应当在各自职责范围内，将与建筑垃圾处理管理有关的信息纳入信息系统。

第八条 （信用管理）

相关单位违反本规定的，市绿化市容、住房城乡建设等行政管理部门应当按照国家和本市规定，将相关失信信息纳入市公共信用信息服务平台。

第九条 （行业自律）

本市建设、施工、市容环卫等相关行业协会应当制定行业自律规范，督促本协会的会员单位加强建筑垃圾处理活动的管理；对违反自律规范的会员单位，可以采取相应的自律惩戒措施。

第二章 源头减量与资源循环利用

第十条 （源头减量减排）

本市推广装配式建筑、全装修房、建筑信息模型应用、绿色建筑设计标准等新技术、新材料、新工艺、新标准，促进建筑垃圾的源头减量。

本市鼓励通过完善建设规划标高、堆坡造景、低洼填平等就地利用方式，以及施工单位采取道路废弃沥青混合料再生、泥浆干化、泥沙分离等施工工艺，减少建筑垃圾的排放。

采用本条第一款、第二款规定的源头减量减排措施的，应当符合国家和本市有关规划、环保等方面的规定。

第十一条 （资源化利用产品强制使用）

本市实施建筑垃圾资源化利用产品的强制使用制度，明确产品使用的范围、比例和质量等方面的要求。建设单位、施工单位应当按照有关规定，使用建筑垃圾资源化利用产品；无强制使用要求的，鼓励优先予以使用。具体办法由市住房城乡建设行政管理部门会同市发展改革等行政管理部门制定。

市住房城乡建设行政管理部门负责编制建筑垃圾资源化利用产品应用标准，对符合标准的建筑垃圾资源化利用产品实行备案管理，并建立产品目录。

第十二条 （工程建设相关单位要求）

建设单位、施工单位应当在工程招标文件、承发包合同和施工组织设计中，明确施工现场建筑垃圾减量减排的具体要求和措施，以及建筑垃圾资源化利用产品的相关使用要求。

监理单位应当将前款规定的相关要求和措施纳入监理范围。

第十三条 （科研与技术合作）

本市鼓励高等院校、科研机构、建筑垃圾资源化利用企业等单位开展相关科学研究和技术合作，推广建筑垃圾资源化利用新技术、新材料、新工艺、新设备。

第十四条 （政策扶持）

市发展改革行政管理部门应当会同相关行政管理部门制定政策，对建筑垃圾资源化利用产品使用和符合产业发展导向的建筑垃圾资源化利用企业等予以扶持。

第十五条 （建筑废弃混凝土回收利用）

建筑废弃混凝土应当由相关企业按照有关规定进行回收利用。具体办法由市住房城乡建设行政管理部门会同市绿化市容行政管理部门另行制定。

第三章 处置场所、设施的规划与建设

第十六条 （规划与建设计划）

市绿化市容行政管理部门应当会同市住房城乡建设行政管理部门编制本市消纳建筑垃圾的场所（以下简称"消纳场所"）、资源化利用设施所需场所和含泥浆预处理设施在内的中转分拣场所（以下统称"中转分拣场所"）的专项规划，并按照法定程序报市人民政府批准。

区人民政府应当按照前款规定的规划，编制所辖区域内消纳场所、资源化利用设施和中转分拣场所的建设计划，并负责组织实施。

第十七条　（规划外消纳场所）

需要回填建筑垃圾的建设工程或者低洼地、废沟浜、滩涂等规划外场所用于消纳建筑垃圾的，有关单位应当在消纳场所启用前向所在地的区绿化市容行政管理部门备案。

区绿化市容行政管理部门应当指派专人至现场予以核实和指导。

第十八条　（处置场所与设施的条件）

消纳场所、资源化利用设施和中转分拣场所应当具备下列条件：

（一）有符合市绿化市容行政管理部门规定要求的电子信息装置；

（二）有符合消纳、资源化利用和分拣需要的机械设备和照明、消防等设施；

（三）有符合规定的围挡和经过硬化处理的出入口道路；

（四）有与消纳、资源化利用和分拣规模相适应的堆放、作业场地；

（五）在出口处设置车辆冲洗的专用场地，配备运输车辆冲洗保洁设施。

第十九条　（中转码头）

市交通行政管理部门应当会同市绿化市容行政管理部门，根据本市建筑垃圾水运需求和实际情况，完善转运建筑垃圾的码头（以下简称"中转码头"）布局，推进中转码头的建设。

中转码头应当依法取得港口经营许可，并配备符合市绿化市容行政管理部门规定要求的视频监控系统、电子信息装置和防污设施。

中转码头应当向所在地的区绿化市容行政管理部门备案。

第四章 建设工程垃圾的处置

第二十条 （工程招标与发包要求）

产生建设工程垃圾的建设单位和建筑物、构筑物拆除单位（以下统称"建设单位"）在工程招投标或者直接发包时，应当在工程招标文件和承发包合同中，明确施工单位在施工现场建设工程垃圾规范排放、分类处理以及禁止混同等方面的具体要求和措施。

第二十一条 （运输与处置费用的列支）

建设单位在编制建设工程概算、预算时，应当专门列支建设工程垃圾的运输费和处置费。

第二十二条 （运输单位的产生）

建设工程垃圾的运输单位通过招投标方式产生，并依法取得市绿化市容行政管理部门核发的建筑垃圾运输许可证。建筑垃圾运输许可证的有效期不超过5年。

运输单位的基本信息应当向社会公布。

运输单位招投标的具体办法，由市绿化市容行政管理部门会同相关行政管理部门制定。

第二十三条 （招标条件）

市绿化市容行政管理部门组织实施本市水路运输单位的招投标活动。招标条件应当包括下列内容：

（一）在本市登记注册，取得水路运输许可证；

（二）自有运输船舶的数量、运输船舶总载重量或者总核载质量符合有关要求；

（三）运输船舶符合本市建筑垃圾运输船舶技术及运输管

理要求；

（四）有健全的企业管理制度。

区绿化市容行政管理部门组织实施本辖区道路运输单位的招投标活动。招标条件应当包括下列内容：

（一）有道路运输车辆营运证的自有运输车辆数量符合有关要求；

（二）运输车辆符合本市建筑垃圾运输车辆技术及运输管理要求；

（三）运输车辆驾驶员数量与运输车辆数量相适应，并通过有关部门组织的交通安全培训；

（四）运输车辆驾驶员具有3年以上驾驶大型车辆的经历，无承担全部责任或者主要责任的致人死亡的道路交通事故记录；

（五）有健全的企业管理制度。

第二十四条 （选择运输单位与确定场所设施）

建设单位应当在取得建筑垃圾运输许可证的运输单位中，选择具体的承运单位。

建设单位应当确定符合本规定要求的消纳场所、资源化利用设施；未能确定的，应当向工程所在地的区绿化市容行政管理部门提出申请，由区绿化市容行政管理部门根据统筹安排原则指定。

第二十五条 （运输费与处置费的确定）

建设工程垃圾的运输费、处置费由建设单位分别与运输单位和消纳场所、资源化利用设施的经营单位协商确定，并在运输合同、处置合同中予以明确。

第二十六条 （处置申报）

建设单位应当在办理工程施工许可或者拆除工程备案手续前，向工程所在地的区绿化市容行政管理部门提交建设工程垃圾处置计划、运输合同、处置合同和运输费、处置费列支信息，申请核发处置证。

建设工程垃圾处置计划应当包括建设工程垃圾的排放地点、种类、数量、中转码头、中转分拣场所、消纳场所、资源化利用设施等事项。

区绿化市容行政管理部门应当自受理申请之日起5个工作日内进行审核。符合处置规定的，核发处置证，并按照运输车辆、船舶数量配发相应份数的处置证副本；不符合处置规定的，不予核发处置证，并向申请单位书面告知原因。

处置证应当载明建设单位和施工单位名称、运输单位名称、工程名称及地点、排放期限、中转码头、中转分拣场所、消纳场所、资源化利用设施、运输车辆车牌号、运输船舶编号、运输线路、运输时间等事项。

禁止涂改、倒卖、出租、出借或者转让处置证。

第二十七条　（处置证查验）

住房城乡建设、交通、水务、民防等相关行政管理部门在进行施工质量安全措施现场审核时，应当查验处置证。

第二十八条　（施工现场分类要求）

施工单位应当对施工现场排放的建设工程垃圾进行分类。建设工程垃圾不得混入生活垃圾和危险废物。

第二十九条　（施工现场装运作业要求）

施工单位应当配备施工现场建设工程垃圾管理人员，并按照本市建筑垃圾启运管理规范，填写运输车辆预检单，监督施工现场建设工程垃圾的规范装运,确保运输车辆冲洗干净后驶离。

运输单位应当安排管理人员对施工现场运输车辆作业进行监督管理,并按照施工现场管理要求,做好运输车辆密闭启运和清洗工作,保证运输车辆安装的电子信息装置等设备正常、规范使用。

施工单位发现运输单位有违反施工现场建设工程垃圾管理要求行为的,应当要求运输单位立即改正;运输单位拒不改正的,施工单位应当立即向工程所在地的区绿化市容行政管理部门报告。区绿化市容行政管理部门接到施工单位的报告后,应当及时到施工现场进行处理。

施工现场建设工程垃圾管理违反规定的施工工地,无权申报本市文明施工工地。

第三十条 (车船运输规范)

运输建设工程垃圾的车辆、船舶应当符合本市建筑垃圾运输车辆、船舶的技术和运输管理要求,统一标识,统一安装、使用记录路线、时间、中转分拣场所、中转码头、消纳场所和资源化利用设施的电子信息装置,随车辆、船舶携带处置证副本,并按照交通、公安等行政管理部门规定的线路、时间行驶。

交通、海事行政管理部门以及城管执法部门在对运输单位的车辆、船舶实施监督检查时,应当查验处置证副本。

第三十一条 (经营单位义务)

消纳场所、资源化利用设施和中转码头的经营单位应当履行下列义务:

(一)按照规定受纳建设工程垃圾;

(二)保持相关设备、设施完好;

（三）保持场所、设施、中转码头和周边环境整洁；

（四）对进入场所、设施、中转码头的运输车辆、船舶以及受纳建设工程垃圾数量等情况进行记录，并定期将汇总数据报告市或者区绿化市容行政管理部门；

（五）对所受纳的、符合要求的建设工程垃圾，向运输单位出具建筑垃圾消纳结算凭证。

中转分拣场所经营单位除应当履行前款第（一）（二）（三）（四）项义务外，还应当按照建筑垃圾分拣规范，对建设工程垃圾进行分拣，并分别堆放。

本市建筑垃圾分拣的具体规范，由市绿化市容行政管理部门会同相关行政管理部门制定。

第三十二条　（消纳结算要求）

道路、水路运输单位按照要求将建设工程垃圾运输至规定的中转码头、消纳场所和资源化利用设施后，凭建筑垃圾运输消纳结算凭证，分别向工程所在地的区绿化市容行政管理部门和市绿化市容行政管理部门申请核实运输量和处置量。

市、区绿化市容行政管理部门应当在3个工作日内进行核实；核实无误的，建设单位按照合同约定支付运输费、处置费。

第三十三条　（拆违产生的废弃物处置）

依法对违法建筑实施拆除产生的废弃物，应当按照本章有关要求进行处置；但是仅产生零星废弃物的，可以按照本规定第五章有关要求进行处置。

第五章　装修垃圾的处置

第三十四条　（投放管理责任人）

本市实行装修垃圾投放管理责任人制度。

住宅小区由业主委托物业服务企业实施物业管理的,受委托的物业服务企业为责任人;未委托物业服务企业实施物业管理的,业主为责任人。

机关、企事业单位、社会团体等单位的办公和经营场所,委托物业服务企业实施物业管理的,受委托的物业服务企业为责任人;未委托物业服务企业实施物业管理的,单位为责任人。

第三十五条 （投放管理责任人义务）

装修垃圾投放管理责任人应当履行下列义务:

（一）设置专门的装修垃圾堆放场所;

（二）不得将生活垃圾、危险废物混入装修垃圾堆放场所;

（三）保持装修垃圾堆放场所整洁,采取措施防止扬尘污染;

（四）明确装修垃圾投放规范、投放时间、监督投诉方式等事项。

装修垃圾投放管理责任人确因客观条件限制无法设置装修垃圾堆放场所的,应当告知所在地乡（镇）人民政府、街道办事处,由乡（镇）人民政府、街道办事处负责指定装修垃圾堆放场所。

第三十六条 （投放要求）

装修垃圾产生单位和个人应当将装修垃圾投放至装修垃圾投放管理责任人设置的或者由乡（镇）人民政府、街道办事处指定的装修垃圾堆放场所,并遵守下列具体投放要求:

（一）将装修垃圾和生活垃圾分别收集,不得混同;

（二）将装修垃圾进行袋装;

（三）装修垃圾中的有害废弃物另行投放至有害垃圾收集容器。

鼓励装修垃圾产生单位和个人对可资源化利用的装修垃圾进行分类投放；装修垃圾投放管理责任人应当予以引导。

第三十七条 （定向清运）

装修垃圾投放管理责任人应当将其管理范围内产生的装修垃圾，交由符合规定的市容环境卫生作业服务单位（以下简称"作业服务单位"）进行清运，并明确清运时间、频次、费用及支付结算方式等事项。

第三十八条 （作业服务单位）

作业服务单位通过招投标方式产生；具体招投标活动由区绿化市容行政管理部门组织实施，并将中标的作业服务单位向社会公布。

作业服务单位的招标条件应当包括：

（一）有道路运输车辆营运证的自有运输车辆；

（二）运输车辆符合本市建筑垃圾运输车辆技术及运输管理要求；

（三）运输车辆驾驶员数量与运输车辆数量相适应，并通过有关部门组织的交通安全培训；

（四）有健全的企业管理制度。

区绿化市容行政管理部门应当与中标的作业服务单位签订作业服务协议，明确装修垃圾作业服务的范围、规范、期限、中转分拣场所以及服务费用的确定方式等事项。

第三十九条 （清运服务要求）

作业服务单位应当使用符合本市建筑垃圾运输车辆技术及

运输管理要求的运输车辆,将装修垃圾运输至作业服务协议约定的中转分拣场所。

作业服务单位、清运费用标准等事项应当在物业管理区域公布。

第四十条 (中转分拣场所经营单位义务)

装修垃圾中转分拣场所经营单位应当履行本规定第三十一条第二款的相关义务。

第四十一条 (清运费)

装修垃圾清运费由产生单位和个人承担。

本市市容环卫、物业管理、装饰装修等行业协会应当定期汇总各区装修垃圾清运收费价格信息,并向社会公布。

第六章 法律责任

第四十二条 (对违反处置证管理要求的处理)

违反第二十六条第五款规定,建设单位涂改、倒卖、出租、出借或者转让处置证的,由城管执法部门责令改正,处5000元以上5万元以下罚款。

第四十三条 (对违反施工现场要求的处理)

对违反本规定有关施工现场要求的行为,由城管执法部门责令改正,并按照下列规定处罚:

(一)违反第二十八条规定,施工单位未对施工现场排放的建设工程垃圾进行分类的,处3000元以上3万元以下罚款;

(二)违反第二十九条第二款规定,运输单位未安排管理人员到施工现场进行监督管理的,处1000元以上1万元以下罚款。

违反第二十九条第一款规定,施工单位未配备管理人员进行监督管理的,由住房城乡建设行政管理部门责令改正,处1000元以上1万元以下罚款。

第四十四条 (对违反运输要求的处理)

违反第三十条第一款、第三十九条第一款规定,运输单位或者作业服务单位使用不符合本市建筑垃圾运输车辆、船舶相关要求的车辆或者船舶的,由城管执法部门责令改正,并按照下列规定处罚:

(一)违反相关技术要求的,处1000元以上1万元以下罚款;

(二)违反相关运输管理要求的,处200元以上2000元以下罚款。

第四十五条 (对违反中转与消纳利用要求的处理)

违反第三十一条第一款、第二款或者第四十条规定,消纳场所、资源化利用设施、中转码头或者中转分拣场所的经营单位未履行相关义务的,由城管执法部门责令改正,处5000元以上5万元以下罚款。

第四十六条 (对违反装修垃圾堆放场所要求的处理)

违反第三十五条第一款第(一)项规定,装修垃圾投放管理责任人未设置专门的装修垃圾堆放场所的,由城管执法部门责令改正,处1000元以上1万元以下罚款。

第四十七条 (对违反装修垃圾投放要求的处理)

违反第三十六条第一款规定,装修垃圾产生单位或者个人未遵守具体投放要求的,由城管执法部门责令改正,处100元以上1000元以下罚款。

第四十八条 (对运输许可证的吊销处理)

运输单位有下列违法行为在一定期间内被处罚3次以上的，由市绿化市容行政管理部门吊销其建筑垃圾运输许可证：

（一）未实行密闭或者覆盖运输；

（二）运输车辆、船舶超载运输建设工程垃圾；

（三）擅自倾倒、堆放、处置建设工程垃圾；

（四）承运未取得处置证的建设工程垃圾。

运输单位有前款第（三）项或者第（四）项违法行为，情节严重的，由市绿化市容行政管理部门吊销其建筑垃圾运输许可证。

道路运输单位所属的驾驶员在一定期间内发生道路交通事故累计造成3人以上死亡，且承担全部责任或者主要责任的，由市绿化市容行政管理部门吊销该运输单位的建筑垃圾运输许可证。

本条第一款、第三款所指的一定期间，由市绿化市容部门规定并向社会公布。

第四十九条 （行政监督）

违反本规定，区和乡（镇）人民政府、街道办事处以及相关行政管理部门及其工作人员有下列行为之一，由所在单位或者上级主管部门依法对直接负责的主管人员和其他直接责任人员给予行政处分：

（一）未按照要求落实建筑垃圾处置场所、设施建设；

（二）未按照要求组织实施运输单位、作业服务单位的招投标活动；

（三）未指定装修垃圾堆放场所；

（四）未依法履行建筑垃圾处理监督管理职责的其他情形。

第七章 附 则

第五十条 （参照管理）

建设工程实行施工总承包的，对施工总承包单位的管理参照建设单位的相关规定执行。

第五十一条 （施行日期）

本规定自2018年1月1日起施行。2010年11月8日上海市人民政府令第50号公布的《上海市建筑垃圾和工程渣土处置管理规定》同时废止。

威海市建筑垃圾管理办法

威海市人民政府令

第 60 号

《威海市建筑垃圾管理办法》已经 2017 年 10 月 13 日市政府第 14 次常务会议通过,现予公布,自 2018 年 1 月 1 日起施行。

威海市市长（代）

2017 年 10 月 21 日

第一章 总 则

第一条 为了加强城市建筑垃圾管理,保护生态环境,根据《中华人民共和国固体废物污染环境防治法》《建设工程安全生产管理条例》等法律、法规规定,结合本市实际,制定本办法。

第二条 本市行政区域内城市建筑垃圾的运输、消纳、利用等处置活动,适用本办法。

第三条 本办法所称建筑垃圾,是指新建、改建、扩建各类建设工程、装饰装修以及拆除各类建筑物、构筑物、管网等所产生的弃土、弃料以及其他废弃物。

第四条 建筑垃圾处置实行减量化、资源化、无害化和谁产生、谁处置的原则。

第五条 市市容环境卫生主管部门负责全市建筑垃圾管理

工作，区（县级市）市容环境卫生主管部门负责本辖区内的建筑垃圾管理工作。

公安、财政、国土资源、规划、城管执法、交通运输、水利、林业、环保等部门，按照各自职责做好建筑垃圾管理的相关工作。

第六条　市、区（县级市）市容环境卫生主管部门应当会同公安机关交通管理、城管执法、交通运输等部门建立联动机制，及时通报管理信息，定期开展建筑垃圾处置联合执法，及时发现和查处违法行为。

第七条　建筑垃圾综合利用工作，按照循环经济有关法律制度执行。

市、区（县级市）财政部门应当将建筑垃圾综合利用产品纳入政府采购目录。使用财政资金的建设工程项目在同等条件下应当优先采用建筑垃圾综合利用产品。

第八条　市、区（县级市）市容环境卫生主管部门负责建立建筑垃圾供求信息发布平台，发布建筑垃圾产生、运输、回填、利用等供需信息。

第二章　处置核准、施工管理和运输管理

第九条　建筑垃圾处置实行核准制度。建设单位、施工单位或者建筑垃圾运输单位处置建筑垃圾，应当依法向区（县级市）市容环境卫生主管部门申请核准。

对建筑面积三百平方米以下或者工程投资额三十万元以下的装饰装修工程以及建筑垃圾产生量五吨以下的工程，建设单位和施工单位可以不办理建筑垃圾处置核准手续，但是应当将建筑垃圾委托环境卫生专业单位或者依法取得建筑垃圾处置核

准的运输企业进行清运和处置。

第十条 建设单位和施工单位应当加强对施工现场的管理，防止建筑垃圾产生扬尘、飘洒以及其他污染环境的情形。

施工现场应当符合下列要求：

（一）不得高空抛洒建筑垃圾；

（二）不得焚烧可燃建筑垃圾；

（三）对车辆进出道路进行硬化；

（四）对裸露的土面、堆土以及其他建筑垃圾进行覆盖或者绿化；

（五）采取洒水等扬尘防治措施；

（六）封闭施工，围挡材料坚固、美观；

（七）具有排水、排污和防汛设施。

第十一条 施工单位应当在施工现场主出入口设置建筑垃圾管理公示牌，标明建设单位、施工单位和运输单位的名称、联系电话和主管部门投诉电话。

第十二条 施工现场应当设置车辆自动冲洗设施，对出场车辆进行冲洗。不洁车辆不得出场。

城市道路挖掘、市政设施抢修工程等不具备设置车辆自动冲洗设施条件的施工现场，应当采取能够防止扬尘的其他保洁措施。

第十三条 建设单位和施工单位是施工现场建筑垃圾堆放安全的责任人。

监理单位应当配合建设单位做好建筑垃圾堆放的安全管理工作。

第十四条 在城区以及其他交通限制区运输建筑垃圾的车辆，应当依法到公安机关交通管理部门办理车辆通行证。

第十五条 车辆在运输建筑垃圾过程中应当遵守下列规定：

（一）在车辆显著位置公示核准证、营运证和通行证；

（二）安装行驶及装卸记录仪；

（三）保持覆盖密闭，防止洒漏污染路面或者造成扬尘；

（四）按照核准的运输路线、时间运行。

第三章 消纳管理

第十六条 除了资源化利用以外，建筑垃圾应当通过依法设立的消纳场所处置。

禁止向经批准的建筑垃圾消纳场所以外的区域倾倒建筑垃圾。

第十七条 建筑垃圾消纳场由区（县级市）市容环境卫生主管部门根据建筑垃圾处置需要，会同国土资源、规划、城管执法、水利、林业、环保等部门确定，并向社会公布。

单位或者个人设立建筑垃圾消纳场，应当依法向区（县级市）市容环境卫生主管部门申请处置核准。

第十八条 建筑垃圾消纳场应当遵守下列规定：

（一）建立建筑垃圾受纳处置台账，登记受纳建筑垃圾数量、种类、运输车辆等信息；

（二）建立安全生产管理制度；

（三）硬化场地出入口道路，保持道路整洁；

（四）对建筑垃圾撒水、碾压、覆盖，防止扬尘；

（五）对驶出运输车辆进行冲洗；

（六）配备计量、照明、洒水、摊铺、碾压等设备，设置排水、消防、视频监控等设施。

（七）不得允许未随车携带核准证、营运证和通行证的车辆进场卸载建筑垃圾；

（八）不得受纳工业垃圾、生活垃圾和有毒有害垃圾。

第十九条 设立建筑垃圾消纳场应当确定管理人，负责建筑垃圾消纳场的日常运营管理。

区（县级市）市容环境卫生主管部门利用国有或者集体场地设立的建筑垃圾消纳场，应当通过招投标方式选择具有管理能力的企业作为管理人。

利用自有场地设立的建筑垃圾消纳场，由土地使用权人自行管理或者委托具有管理能力的企业管理，并在管理人确定或者变更后十日内报区（县级市）市容环境卫生主管部门备案。

第二十条 建筑垃圾消纳场不得超过规定的消纳容量接收建筑垃圾。

建筑垃圾消纳场达到规定容量后，管理人应当对建筑垃圾消纳场进行无害化处理。

第二十一条 建设单位或者施工单位需要从本项目施工现场外受纳建筑垃圾回填基坑、洼地以及其他场地的，可以向区（县级市）市容环境卫生主管部门提出申请，由区（县级市）市容环境卫生主管部门统一安排、调剂使用。

第二十二条 市、区（县级市）市容环境卫生主管部门应当对建筑垃圾消纳场运行情况和建筑垃圾回填情况进行监督检查，及时处理发现的问题。

第四章 法律责任

第二十三条 施工单位未在施工现场设置排水、排污和防汛设施的，由市容环境卫生主管部门责令限期改正，可以处五千元以上二万元以下罚款。

第二十四条 施工单位未在施工现场主出入口设置建筑垃圾管理公示牌的，由市容环境卫生主管部门责令限期改正；逾期不改正的，处一千元以上五千元以下罚款。

第二十五条 建筑垃圾消纳场有下列违法行为之一，由市容环境卫生主管部门责令管理人限期改正，可以处五千元以上二万元以下罚款：

（一）未建立建筑垃圾受纳处置台账并登记受纳建筑垃圾数量、种类、运输车辆等信息的；

（二）未建立安全生产管理制度的；

（三）未硬化场地出入口道路，污染环境的；

（四）未对建筑垃圾撒水、碾压、覆盖，造成扬尘的；

（五）未对驶出运输车辆进行冲洗，污染城市道路的。

（六）未配备计量、照明、洒水、摊铺、碾压等设备，或者未设置排水、消防、视频监控等设施的。

第二十六条 建筑垃圾消纳场超过规定消纳容量接收建筑垃圾或者达到规定消纳容量后未进行无害化处理的，由市容环境卫生主管部门责令管理人限期改正，可以处一千元以上一万元以下的罚款；逾期不改正的，处一万元以上三万元以下的罚款。

第二十七条 市、区（县级市）人民政府或者有关部门及其工作人员在建筑垃圾管理工作中不履行法定职责、玩忽职守、滥用职权、徇私舞弊的，对直接负责的主管人员和其他直接责任人员依法给予行政处分；构成犯罪的，依法追究刑事责任。

第五章 附 则

第二十八条 本办法自 2018 年 1 月 1 日起施行。

长沙市建筑垃圾资源化利用管理办法

长沙市人民政府办公厅
关于印发《长沙市建筑垃圾资源化利用管理办法》的通知
长政办发〔2017〕20号

各区县（市）人民政府，市直各单位：

《长沙市建筑垃圾资源化利用管理办法》已经市人民政府同意，现印发给你们，请认真遵照执行。

长沙市人民政府办公厅
2017年4月27日

第一章 总 则

第一条 为加强对城市建筑垃圾资源化利用管理，保护生态环境，促进循环经济发展，根据《城市建筑垃圾管理规定》（建设部令第139号）、《长沙市城市管理条例》及《长沙市人民政府关于印发〈长沙市城市建筑垃圾运输处置管理规定〉的通知》（长政发〔2015〕15号）等有关规定，结合我市建筑垃圾资源化利用实际情况，制定本办法。

第二条 本市行政区域内建筑垃圾资源化利用及其监督管理活动，适用本办法。

第三条 本办法所称建筑垃圾是指拆除各类建筑物、构筑物、市政道路、管网等过程中所产生的废弃物。建筑垃圾资源化利用，是指以建筑垃圾作为主要原材料，通过技术加工处理制成具有使用价值、达到相关质量标准，经相关行政管理部门认可的再生建材产品及其他可利用产品。

建筑垃圾资源化利用包括收集运输、加工处里和综合利用三个步骤。

第四条 建筑垃圾资源化利用遵循统筹规划、政府推动、市场引导、物尽其用的原则，实现建筑垃圾的资源化、减量化、无害化。

第五条 本办法所称建设单位，是指房屋征收部门或者建筑物、构筑物的所有权人。

本办法所称运输企业，是指取得我市建筑垃圾运输处工资质，将建筑垃圾运送至建筑垃圾处三场所的企业。

本办法所称处置企业，是指从事建筑垃圾加工处理，使之成为可供资源化利用的原材料加工企业。

本办法所称综合利用企业，是指利用经过处理后的建筑垃圾原材料生产再生建材产品的生产企业。

第二章　建筑垃圾收集与运输

第六条 建设单位应与运输企业依法签订建筑垃圾承运合同（合同样本由市城管执法局提供）。

第七条 城管执法部门应将运输企业和处三企业的地址、负责人联系方式以及建筑垃圾的处置方式、去向等在行政许可过程中向社会公示，接受监督和受理举报。

第八条 城管执法部门应加强监管，确保运输企业将建筑垃圾就近运送至约定的处工企业，对运输企业和运输过程进行管理。

第三章　建筑垃圾处置与综合利用

第九条　建设单位应编制建筑垃圾处置方案，在办理建筑垃圾处置许可时提交城管执法部门审查。

建筑垃圾处置方案应当包括以下内容：

（一）工程名称、地点、拆除建筑面积；

（二）建设单位、运输企业、处置企业的名称及其法定代表人姓名；

（三）建筑垃圾的种类、数量；

（四）建筑垃圾分类、运输、污染防治及处置措施。

第十条　城管执法部门根据申报的建筑垃圾处置方案批准运输企业、运输路线、处置企业、处置数量等内容，并将相关内容书面告知建设单位、运输企业和处置企业。

任何单位和个人不得将建筑垃圾随意倾倒或填埋，确保建筑垃圾的实际产量、运输量和处工量与城管执法部门核准的处置方案一致。

第十一条　处工企业处三场地应符合建筑垃圾处置场地管理规定，向社会公开征求选址意见，并具备以下条件：

（一）不得选址于饮用水源保护区、地下水集中供水水源地等；

（二）有建筑垃圾原料堆场及建筑垃圾再生产品堆场，堆场面积应满足正常生产的需求；

（三）具备相关专利技术，确保能大量利用包括质Ⅰ较差的废旧渣砖、砌块等在内的建筑垃圾，不得只选择性的处置废旧混凝土；

（四）有一条以上建筑垃圾处置加工生产线，具有一定处置能力；

（五）应进行环境影响评价，取得相关环评手续，对月边环境及居民无影响。

第十二条 综合利用企业应具备以下条件：

（一）产品以经处置企业加工的建筑垃圾再生原材料为主要原料；

（二）有固定的生产场地和生产设备，拥有一条以上再生沥青、再生水稳或再生砖石等建筑垃圾再生产品生产线，具有一定的再生产品年生产能力；

（三）应进行环境影响评价，取得相关环评手续，对月边环境及居民无影响；

（四）产品应当符合国家和地方的产业政策、建材及新型培材的有关规定，质量符合相关标准要求。

第十三条 处置企业和综合利用企业应当按照环境保护有关规定处理生产过程中产生的污水、粉尘、噪声等，防止二次污染。鼓励综合利用企业利用中水和其他再生水进行生产。

第四章 激励政策

第十四条 处置企业可在建筑垃圾运输抵达并完成处置后向住房城乡建设部门申请建筑垃圾处置费用补贴。补贴资金按实际处三的建筑垃圾数△核算，核算及资金拨付工作由住房城乡建设部门牵头，财政、城管执法部门配合。补贴标准为3.0元/立方米，补贴费用从收取的建筑垃圾处置费中列支。

第十五条 经建设行政部闩核准的综合利用企业生产的再

生产品符合国家资源资源化利用鼓励和扶持政策的,按照国家有关规定享受增值税返退等优惠政策。

第十六条 建筑垃圾再生产品符合相关要求的,列入两型产品目录和政府采购目录,定期向社会公布。

第十七条 政府投资的城市道路、河道、公园、广场等市政工程和建筑工程均应优先使用建筑垃圾再生产品,鼓励社会投资项目使用建筑垃圾再生产品。

第十八条 在工程项目招投标时,使用省市两级政府两型产品目录中的建筑垃圾再生产品的投标主体,根据再生产品应用比例,按照《长沙市人民政府办公厅关于做好长沙市两型产品推广使用工作的通知》(长政办函〔2015〕99号)精神,给予总分1—3分的加分。

第五章 组织保障

第十九条 建立建筑垃圾资源化利用工作协调机制,住房城乡建设、城管执法、发改、经济和信息化、科技、公安、财政、国土资源、交通运输、规划、环保、税务等部门和芙蓉区、天心区、岳麓区、开福区、雨花区人民政府参与。各部门应当依法各司其职,加强联合管理,住房城乡建设委统筹协调,共同做好建筑垃圾资源化利用偕理工作。

第二十条 建筑垃圾资源化利用管理工作备职能部门分工如下:

市住房城乡建设委牵头负责全市建筑垃圾资源资源化利用工作,建筑垃圾处五量核算和补贴资金拨付工作,管理建筑垃圾资源化利用企业;组织建筑垃圾资源化利用再生产品的应用推广。

市城管执法局负责指导、协调、监督、检查全市建筑垃圾处置管理工作；管理建筑垃圾处置企业，审批建筑垃圾处置方案，核发建筑垃圾处置许可证、建筑垃圾运输车辆准运证；配合住房城乡建设部门进行建筑垃圾处置量核算和补贴资金拨付，管理市属建筑垃圾固定受纳场、建筑垃圾中转场所。

市发改委负责研究促进建筑垃圾资源化再利用的政策措施；安排建筑垃圾资源化再利用重大项目。

市经济和信息化委负责组织开展建筑垃圾资源化利用技术及装备研发，参与制定产业扶持政策。

市科技局负责支持开展建筑垃圾资源化再利用技术及装备研发和产业化。

市财政局负责落实有关建筑垃圾资源化利用的财政补贴，配合住房城乡建设部门进行建筑垃圾处工量核算和补贴资金拨付。

市国税局负责落实有关建筑垃圾资源化利用及再生建材产品的税收优惠政策。

市国土资源局、市规划局负责对新建、改建、扩建的资源化利用建筑废弃物项目在规划、土地手续审批等方面给予重点保障。

市公安局交守支队负责对无货车通行证和无牌、套牌、污损号牌、拼装建筑垃圾运输车及建筑垃圾运输车超高、超载等交通违法行为进行查处。

市交通运输局负责对无营运证的建筑垃圾运输车辆进行查处，并在公路修建中推广应用建筑垃圾再生骨料。

市环保局负责建筑垃圾环境污染防治的监督管理，会同有关部门对涉及建筑垃圾的环境违法行为依法进行查处。

其他有关部门在各自的职责范围内对建筑垃圾实施监督管理。

芙蓉区、天心区、岳麓区、开福区、雨花区人民政府负责组织辖区内建筑垃圾资源化利用工作，按照《长沙市渣土弃主场布局规划（2015—2020）》落实建筑垃圾受纳场，协调临时受纳场用地，查处违法排放、运输、中转、受纳建筑垃圾的行为。

望城区和长沙县、浏阳市、宁乡市人民政府参照本办法负责行政区域内建筑垃圾资源化利用的管理工作。

第六章 附 则

第二十一条 轨道交通工程及其他建设工程产生的建筑垃圾和渣土的资源化利用参照本办法执行。

第二十四条 本办法自2017年6月1日起施行。